高僧说什么

马超 著

中国财富出版社

图书在版编目（CIP）数据

高僧说什么/ 马超著. —北京：中国财富出版社，2013.5
ISBN 978－7－5047－4521－7

Ⅰ.①高… Ⅱ.①马… Ⅲ.①僧侣－生平事迹－中国 Ⅳ.①B949.92

中国版本图书馆CIP数据核字（2013）第029018号

策划编辑 初景波　　**责任印制** 方朋远
责任编辑 康书民　宋　宇　　**责任校对** 杨小静

出版发行 中国财富出版社（原中国物资出版社）
社　　址 北京市丰台区南四环西路188号5区20楼　　**邮政编码**：100070
电　　话 010－52227568（发行部）　010－52227588转307（总编室）
010－68589540（读者服务部）　010－52227588转305（质检部）
网　　址 http://www.cfpress.com.cn
经　　销 新华书店
印　　刷 北京东海印刷有限公司
书　　号 ISBN 978－7－5047－4521－7/B·0347
开　　本 710mm×1000mm　1/16
印　　张 13.75　　**版　　次** 2013年5月第1版
字　　数 222千字　　**印　　次** 2013年5月第1次印刷
印　　数 0001－3000册　　**定　　价** 28.00元

序言

在佛、法、僧三宝中，僧宝的地位尤其重要，人能弘道，非道弘人，几千年佛教历尽风雨而灯火不熄，与万千释家弟子的精进护持密不可分。同样，经、律、论三藏，蔚为大观，凡人难以尽读，那么该如何了知佛家大义呢？我们不妨将目光聚集在古往今来的高僧大德身上，看看他们都说了些什么、做了些什么。

古往今来的那些高僧们，有的庄严端正，有的嬉怒笑骂，有的高谈阔论，有的一言不发，有的机锋智巧，有的浑然憨厚，真真是形态各异、俯仰生姿，而每一位高僧，又都显示着成佛之道的一种法门。高僧是佛教文化的代言人，是佛教教义的践履者，高僧的一言一行，都凝聚了、展现着佛教深刻的思想、通透的智慧、厚笃的悲心和强大的愿力。

本书所选取的这些高僧，远至汉魏六朝，近到现代时下，跨越了千多年历史，从对高僧生平故事、所传教法、佛学思想的叙述中，我们也可得见佛教自汉代传入中国后，发展至今的一些流变。特别是在现代社会中，佛教更是以一种与世界接轨、与先进文化共同发展的姿态展现在世人面前。

佛教是对内在生命的探寻，是对人类最高智慧的探索，更是教人向善、启人深思的世间大道理。

人都是活在这个世界里的巨大能量体，如《金刚经》所言："所有一切众生之类，若卵生、若胎生、若湿生、若化生、若有色、若无色、若有想、若无想、若非有想非无想，我皆令入无余涅槃而灭度之。"如果我们将佛门高僧的佛法与现世生活的方法结合起来，在生活中修行，不仅能给自己带来解脱和安乐，也能给他人带去宽怀和释然。若能深入世间担当弘法利生、影响大众的角色，愿用佛法的真谛去唤醒烦恼众生，自然也就灭度众生、普贤愿行了。

由此可见，虽然佛法与生活在缘起上有异，但我们不能因此将其判为

两途，因为二者在体性上是圆融无碍的，生活与修行是可以并行不悖的，闲暇的时候读一读高僧的得道箴言，不仅可以洗尽铅华，更是一种人生上的享受。佛法以四摄为基本原则贯通于现实生活中，在顺应现实变化的基础上净化我们的生活，消除我们的心垢，熄灭我们的烦恼，自然也就是一种最理想的生活状态。

十方世界，十方恩赐，世间的人多苦恼，而修佛之人却往往清心寡欲。在佛家看来，无论大、小乘佛法，根本上都是针对众生烦恼而建立的对治法，“佛说一切法，为度一切心；我无一切心，何须一切法”。高僧皆是治心病的良医，能治众生八万四千烦恼病，令众生转染得净，离苦证乐。

将信仰植根生活，将修行放在当下，将佛法融入世间，将个人融入大众，这样自然能体会到各位佛学大师的百年修行。

马超

2013年1月

目录

汉魏六朝时期

隋唐五代

宋元时期

明清时期

近现代高僧

汉魏六朝时期

汉魏六朝时期，佛教东渐，佛法始传，在这个比较漫长的岁月中，佛教以一种完全陌生的异域文化逐渐走入了人们的视野，并与中国本土的传统文化发生碰撞，在经历了相当时间的碰撞之后，又迎来了佛教与道教互相补充的时期。佛教受魏晋玄学的影响而以一种『援道入释』的姿态出现在人们面前，直到出现了慧远等一批中国本土僧人，将佛教中国化、本土化之后，佛教才又以另一种面目出现于世。在佛教中国化的过程中，涌现出许多著名僧人。这些僧人或者以其高洁逸世的面目出现在世人面前，或者以其精深的学识、广博的学问而被世人所敬佩，或者因其不凡的品德、无染的梵行而赢得当时帝王的称许。这些高僧都有哪些佛学思想与众不同呢？在他们身上，又发生过怎样的传奇故事呢？

安世高：堪破因果　随顺业缘

安世高（生活在公元2世纪）本是西域安息国的太子，本名清，字世高，因为他的王族血统，因此被世人也称为“安侯”。史书上说他不仅年少时聪慧博学，而且很有孝行，他曾一度继承了父亲的王位，但一年之后又把王位让给了叔父，自己选择出家修行，走上了弘传佛法之路。康僧会在《安般守意经序》中如此描述安世高其人其事：“其为人也，博学多识，贯综神摸，七正盈缩，风气吉凶，山崩地动，针脉诸术，睹色知病，鸟兽鸣啼，无音不照。”可见，安世高所涉猎的知识面很广，不仅精通医理，同时还知晓地理天文、阴阳五行，甚至还能听懂鸟兽之声，是一位不可多得的能人异士。

至于安世高因何会放弃王位和优裕的王族生活，历来说法不一：安世高受佛教所讲的“一切皆是无常”“人生是苦”等理论的影响，特别是在父王去世之后，这种感受尤其强烈，便舍弃了宫廷生活而选择出家修行；也有可能是考虑到宫廷内部的政治斗争，觉得自己只有出家，才能远离政治上的互相倾轧和尖锐复杂的内部斗争，才能保全自己。

汉桓帝初年，安世高独自一人来到中土传播佛法，翻译经文，根据《出三藏记集》中所记载，安世高在中土生活了20年，一共译出佛经34部，共40卷。其中最有影响的是《安般守意经》《阴持入经》《十二门经》《人本欲生经》等。关于安世高所翻译的佛经，后人持有极高的评价，僧祐评价道：“义理明析，文字允正，辩而不华，质而不野。”关于安世高的学术思想，僧祐这样说道：“博综经藏，尤精阿毗昙学，其所出经，禅数最悉。”（以上见《祐录·安世高传》）

安世高所译经文多是小乘佛教禅经和阿毗昙学，这些学说属于说一切有部。因此安世高的佛学思想，应是属于部派佛教上座系统的。他重点译传的是定、慧两方面的学说，定学即是禅法，慧学即是数法，这实际上是止观的法门，因此说安世高是当时小乘教法禅数学的弘传代表。

而安世高为时人所称道的还远不止这些，最为人们所称奇的，还是安世高对于自己前世所发生事情的记忆。

据传说，安世高在翻译佛经之余，经常给身边的弟子讲述自己前世的经历，他将自己前世所经历的遭遇向别人一一道来，看似睡梦人的呓语，但安世高在讲述时却又说得十分详细、具体，仿佛这些事情果真是他自己亲身经历过一般。

安世高经常说自己的前世就是个出家修行的僧人，为了能顺利完成弘法事业，他每日都勤奋学习，研读各类经典。可是，他的一位同学偏偏就属于那种脾气暴躁、性格乖张的类型。在化缘时，如果施主所施舍的菜饭不合心意，或者听到别人说了什么自己不能接受的话，马上就翻脸，咬牙切齿，仇恨万状，使在场的人都感觉十分尴尬。安世高的前世，除了自己研读佛教经论和化缘之外，其余的时间几乎全部用来规劝这位师兄。他见这位爱发火的师兄面带怒色，便为他讲如何戒除贪嗔痴三毒的问题；他一见到这位师兄顶撞别人，就对他讲慈颜爱语才是出家人应有的行为。久而久之，安世高苦口婆心的劝导也不起作用了。这位性格暴躁的师兄说："我自己修得不好，我来世自己受苦报又能如何？你还是修你自己的去吧！"

安世高听这位师兄如此说话，心下只得作罢。多年之后，安世高向这位师兄辞行，说自己要去某地办事情，以了解宿怨。这位性格暴躁的师兄念及多年的同学情分，毕竟舍不得他，便说："我知道你道行高深，能知道宿业因果，如今我只求你告诉我以后会是怎样，如何才得出离苦海。"

"师兄博通经典，又刻苦修行，可是你平生嗔心很重，已经造下恶业。你死后转世，虽然可以超脱凡俗之人，但却会因为自己的嗔恨心而使自己堕落成一副丑恶的外形。假如我能得道，必定先度化了你。"说完，安世高的前世就与这位师兄挥手话别了。

安世高来到的地方正值兵荒马乱，某日他正走着，却被一个年轻人拦住了去路。这个年轻人手上拿着钢刀，指着安世高说："今日我可算遇到你了！你必须留下命来！"

"莫恼莫恨！我正是找你来还命的。前世我欠了你一条命，如今我就是来还你的！"安世高微微一笑，说道。

"奇怪真奇怪！我与你素不相识，怎么说到前世今生来了？不管怎样，我

都要杀了你，才能化解我心头之根。”说完，手起刀落，安世高的脖颈上便被划出了一条血迹。

不久之后，在安息国诞生了一位太子，这位太子年幼时便聪明过人，读书过目不忘，而且十分有孝行，被众人认为是天上的神明来到了凡间。因此他的父王便对他寄予了殷切的期望。可是，这位聪慧过人的太子殿下，似乎对治理朝政完全没有兴趣，而且他也不喜欢观赏歌舞。他每天只喜欢阅读佛经，而且长期食素，不喜荤腥，更不慕女色，国王驾崩之后，他根据父王生前的心愿登上了王位，但不多久便把王位让给了自己的叔父，自己却选择了出家修道的苦行僧生活。

在求法修行的过程中，这位昔日的太子开始记起自己前世所经历的种种遭遇，那位性情暴躁的师兄，送他上了黄泉路的年轻人……这些画面都一一闪现在他面前。而过去、现在、未来这三生三世，早已被他勘破。安世高于汉桓帝初年来到中原，除了弘传佛法，度化众生，为的还有前世的一些事情。

安世高翻译完小乘佛教的经典后，已经到了汉灵帝时期，此时关中一带社会动乱不堪，他便准备去江南先避避乱，临行前他告诉身边的弟子，他前世的某位师兄还等着他的救度。

安世高前世的那位师兄到底干什么去了呢？原来这位坏脾气的师兄由于前世勤学佛法，而成了一方庙神，庇佑当地的黎民百姓。可是，他天生脾气暴躁，多有嗔恚，因此他并没有获得暇满的人身，而是化成了一条巨蛇。

这条巨蛇知道自己前世的师弟、今世的安世高将要路过自己的辖地，因此便早早等候着，见到安世高，就不断地恳求安世高想办法度脱自己，使他脱去这丑陋的外形。

安世高怜悯这条巨蛇，心底生起无比的慈悲心，便对着他念诵了一段经文。这条巨蛇安静地听着，并且还流出泪水，安世高越念声音越大，渐渐地这声音便也如同洪钟一般，远近居民都能听得到。诵经完毕，这条巨蛇一再拜谢，之后便不见了踪影。

此后，这个地方的庙神再也不见显灵，大家问起安世高怎么回事，安世高说这巨蛇已经脱去恶形，往生去了。安世高继续他的行程，寻找前世杀害自己

的那个年轻人，不过此世的年轻人早已到了耄耋之年，安世高对他说：“老伯可还记得我吗？”

这老人望着安世高说：“我与法师未曾谋面，如何又能知道以前的事呢？”

安世高便把以往宿怨经过讲给这位老人，这老人听得入了神，似乎记起自己年轻时确实杀过一个出家人。“唉，当时我也不知是怎么了，见到那个出家人，我心里就充满了怒气，于是就做下了那等糊涂事来。”这老人说着。

“既然老伯知道了宿业因果之事，那么我也该继续去办自己的事情了。”安世高笑着说道。可是这老人拉着安世高的衣袖，说道：“既然大师能够知道宿业因果之事，那么请您指点一二，看看我以往造下的业，会给自己带来怎样的果。”

“老伯，我还有债没有偿还，不过我这欠下的可是命债。这一去会稽，可就不会再回来了。不然老伯随我一同前往如何？”

这老人一听便当即同意。可是谁料想，这两人刚来到会稽没几天，正在集市上行走时，却遇到几个人手持刀棒互相争吵。安世高便对这老人说：“今日便是我还债的时候了。”说完就大步走上前去劝架。其中一个少年指着安世高说：“你算个什么东西？还敢来管我们的事，你先吃我一棒！”

这一棒下去，安世高当即血流满面，倒地不起。而跟随安世高一起前来的那位老伯，见到此情此景，深信安世高所说的每一句话都真实不虚，从此归信佛门，希望能用自己的实际修行来偿还以往的业。

虽说这是个传说故事，但也说明在当时佛教的因果业缘学说已经被人们所知晓，而安世高竟然能勘破三世因果，则更是为当时人所称奇，也正是因为如此，佛教刚一传入中土，大家便认为这是一种和道教相差无几的神仙方术之类，能知道宿世因果，能给人指点三世迷津。

而安世高呢，则用他自己的实例向人们说明我们流转在三世因果的网里，永远不得停息，除非专心修持，方可脱离生死轮回，再不受着轮回之苦。

道安：不依国主　佛事难立

道安（314—385年），俗姓卫，常山扶柳（即今河北冀县）人。12岁剃度出家，可是因为他相貌丑陋，并不被剃度师所看重，每天只是在田舍间劳作。待年龄渐长后，道安开始学习经典，每日十分刻苦，能做到过目成诵，开始引起身边人的注意，在受具足戒之后外出游学，来到邺城（今河北临障），师从西域奇僧佛图澄，从此之后，学问有了长足的进步，此后就在河北一代讲经弘法。他弟子众多，为躲避当时的战乱，曾带领弟子五百余人到湖北襄阳，前后居住了15年。在此期间，他每年都会宣讲两次《般若经》，此举推动了南方般若学的兴起。晋孝武帝听说他道行艰深，学识渊博，心下十分敬佩，便派使者前去，传下诏书，云："安法师器识宽宏通达，为人风神俊朗，身居佛门，训化俗众，业绩显著，不只规范当今，也将陶冶来世，奉给一同王公，资财由所地方出。"晋孝武帝对道安的尊崇由此可见一斑。由于晋孝武帝的大力支持，道安的生活也更加稳定了，他不必因为每日的衣食供给而消耗心神，更能安心钻研和弘传佛法了。

可是，这样安稳的生活并没有维持多久，在东晋太元四年，苻坚带兵攻打襄阳，将道安及其弟子迎接到长安，并尊奉他为国师，经常向他询问政事。道安在这一时期组织西域僧人翻译佛经，并制定了"僧尼轨范"。从建元十五年（379年）至建元二十一年（385年），道安一直住在长安的五重寺讲经弘法，译经注释。他先后主持译经计有10部，达180卷，共100多万字，此外道安还对佛教经典注释作序，仅作序这一项，就有60多种。

在道安之前，佛教刚刚传入中土，所翻译的佛经质量不高，语法错误甚多，名辞使用艰深晦涩，使人难以清楚地理解佛经含义，道安在襄阳讲解《般若经》时决定采取将大、小品般若经进行对比研究的方法，大量收集各种经文版本，在经过"寻文比句"之后，最终达到"钩深致远"。这样就使得大家对于佛教经典的理解变得容易起来，而且更有利于佛法的传播。

道安对于中国佛教发展所作的另一贡献就是统一了僧人的姓氏，确定了僧团的仪规戒律。据《高僧传》卷五的记载："初，魏晋沙门，依师为姓，故姓

各不一。”在佛教刚刚传入中土时，往往这样规定出家僧人的姓氏：来自天竺的，师父姓“竺”，其弟子也姓“竺”，比如道安最初跟从竺法汰出家学法，因此名为“竺道安”；而来自月支的，师父便姓“支”，其弟子也姓“支”；假如是来自安息国的，师父自然就姓“安”，而弟子也姓“安”。弟子随师父的姓氏，而师父的姓氏则用自己所来的地方名来命名。这样，就造成了“姓各不一”的局面。道安以为，出家人中最为尊贵者，唯有释迦牟尼佛，因此，出家僧众应当以“释”为姓氏，并将自己的名字“竺道安”改为“释道安”。从此之后，出家僧尼便一律姓“释”，舍弃自己的俗家姓氏。这条规定，至今在中国汉族僧尼中仍然实行。

由于佛教刚刚传入中国，中国本土的僧人又缺乏严格的戒律规定，还没有建立起严密的僧团组织，因此，为了佛教能够在中土世代发展下去，道安就为他的僧团制定了日常生活中的各项仪轨和规范，这样不仅便于管理，而且也使出家僧人的行为更加趋于统一化，僧团的各种活动也得以有依据保证。这些仪轨，被此后中土的所有寺院所采纳。

在中国佛教史上，道安有一句话对以后佛教的发展走向都起到了极为深远的影响，那就是“不依国主则法事难立”。

道安法师所处的时代战乱频仍，民不聊生，为了躲避战乱，他准备前往襄阳，临行前对僧众弟子等人说：“今遭凶年，不依国主则法事难立，又教化之体宜令广布。”抵达襄阳之后，又开始了他弘扬佛法的事业。

晋太元四年，苻坚将道安迎请到长安，安住于五重寺内，并对他十分敬重。当时跟随道安学习佛法的僧众有千人之多，由于这段时期比较稳定，因此道安的译经、讲经工作进行的也十分顺利。道安十分重视讲经说法，认为这是为佛教发展培养后续人才的重要环节。他在河北和襄阳时就收纳弟子数百人，这是当时我国最庞大的僧团队伍了。在长安时，其弟子人数达几千人之多，道安不仅招收门徒众多，而且他的高足弟子也不少，比如慧远、慧永、慧持、法遇、昙翼、道立、昙戒、道愿、僧富等，而慧远更是成为东晋佛教领袖，是佛教中国化的领军人物。

由于魏晋南北朝时期玄学思潮流行，而佛教的般若理论在当时的士大夫看

来又是与玄学、老庄道教有一定相通之处的，这就使得当时的一些出家僧人以玄道的语言来阐释佛教思想，诸如空寂、本无之类。而道安禅法的一大特点就是“执寂以御有，崇本以动末”（《安般注序》），即要以“本无”来统摄“末有”，最后又归于虚无之中，而这个虚无、虚空又是心的妙用，从中可以见到道安用玄学思想“包装”佛教，以老庄援佛释的思想倾向。

道安认为：“人之所滞，滞在未（末）有，苟宅心本无，则斯累豁矣。”针对人们心身劳顿、难得安宁的心理状态，道安认为人们之所以会有这样的负累感，全是因为内心欲望多，而且心中关注的重点只是物质外境。这些物质外境不过是末端之物，而空寂灵明的般若智慧才更应该是人们关注的重点，人们之所以劳顿困苦就在于本末倒置。假如人们把注意力放在对心灵的体认上，认识到心中空无一物才是最本真的状态，那么就不会被物质外境和一切欲望所负累了。

道安的禅学思想旨在引导人们认识到只有在内心清除了杂念妄想，熄灭分别烦恼，控制自己的一切欲望之后，才能体会到“本无”之心。使自己的心住于无相境界中，体会到现实世界是虚妄的，因此也就不会执着于物质世界，内心自然会少了很多挂碍。而在通过如此禅观之后，人们的内心才能与宇宙的本体相契合，也就是进入了最高的般若境界。

道安作为魏晋南北朝时期本无宗的代表人物，他用大量的玄学语言和词汇来表述自己的般若空观，旨在说明“一切诸法，本性空寂”，这和他的禅学思想也是互相联系的。

当时远在西域的鸠摩罗什称他为“东方圣人”，并表达出自己的钦佩之情，而道安也曾劝苻坚把鸠摩罗什请来，以便共同完成译经弘法的事业。可是很遗憾，还没等鸠摩罗什来到长安，道安就已经于太元十年二月圆寂，示寂当天道安忽然对僧众弟子说道：“时间到了，我将要走了。”当日便无疾而终，时人称其为“印手菩萨”。

慧远：初创净土　白莲社主

慧远（334—416年），雁门楼烦人（今山西宁武人），俗姓贾，少年时代曾潜心于儒学，精通《三礼》《毛诗》，后来因为受到魏晋玄学的影响转而研究老庄。在经历了中原频繁的战乱之后，慧远深深地感觉到自己所学的儒学经术对于治国兴邦并无作用，既然报国无门，遂跟从道安出家。

说起慧远师从道安的经过，其实还有些传奇色彩。当时，道安在太行山讲经传法，人们闻知道安的大名纷纷前去听讲皈依，慧远自然也在其中。尽管前来投奔听讲的人很多，但道安却对慧远十分有好感，两人初次见面，竟然像是旧相识一般。慧远自然喜出望外，而道安对眼前这个年轻人也十分满意，从此之后，慧远就成了道安门下的弟子。

某一日，在听道安讲解《般若经》时慧远恍然有所领悟，连声说道："儒道九流，皆粃糠尔。"自此之后，慧远专心于般若学的研究，24岁时就可开坛讲解《般若经》。为了能够让当时的人们更好地理解经文内容，慧远还引用《庄子》一书中的文义来进行比附，这种做法也得到了道安的赞许。

东晋太元三年，慧远辞别道安来到庐山定居，在东林寺传法，跟随他的弟子很多，庐山遂成为当时与建业齐名的南方两大佛教中心之一。在前往庐山的过程中，发生了很多关于慧远的趣事。据说，有一段时间慧远与弟子们居住于某一处精舍，但这里缺少水源，生活上的饮水问题无法得到解决，大家的修行肯定也会受到影响。于是慧远便用锡杖敲击着地面说："若此处果真是我们修行的道场，当使我们找到水源，以便在此处继续修行。"说完之后，便带领弟子在这附近寻找水源，说也奇怪，就在慧远锡杖敲击的地方，就有地下水。

之后，关于慧远有大神通的传闻便也越传越广。有的故事里说，某地久旱无雨，慧远到来之后焚香诵经，不久便感得当地龙王现身，降下大雨，从而缓解了旱情；还有的故事里说，某地因为连年战乱而导致疫病流行，无人照管此事，逃走的百姓甚多，而饿死病死者无数，慧远来到这里之后，对于这些死难者深怀同情，发大慈悲心，于此地诵经以超度亡灵，他的精诚感动了当地的神灵，便降下瑞雪，扑灭疫病，从此该地又日渐有了生气。从这些流传下来的故

事中我们不难看出，当时慧远在百姓心中所处的地位，以及当时社会上仍然有一种把佛教的神通类比于道教法术的想法。

在庐山居住的这段时期，慧远请来当时的名僧僧伽提婆翻译出《阿毗昙心经》《三法度》等小乘佛学经典，此举为佛教毗昙学的发展奠定了一定的基础。之后又延请佛陀跋陀罗翻译出《达摩多禅经》，使得小乘禅法在南方也得到一定范围的流传。

晋安帝元兴元年，慧远与弟子刘遗民、周续之等人在龙泉精舍的无量寿佛像前发誓，期望能够往生西方极乐世界，摆脱轮回痛苦。慧远带领众弟子在东林寺建立莲社，提倡修持"弥陀净土法门"，只要口诵佛号，死后就能够往生到极乐世界，因此慧远又被后世净土宗尊奉为初祖。

慧远生活的那个年代，佛教经过几百年的发展，已经成为一支影响广泛的社会力量，这一时期的出家人中，良莠不齐、鱼龙混杂，既有真心出家求佛学道以求利益众生的人，也有为了满足一己私欲、勾结权贵、插手政治、妄图谋取官职、当个"缁衣宰相"的人，更有大肆聚敛百姓钱财、大兴土木、修建塔寺、攀比奢侈之徒。一些僧徒的不良行为，不仅给佛教的发展带来了许多负面影响，而且更使得佛门清净不再，威信扫地，引起朝野上下的不满。而当时的统治者担心佛教势力发展过快，会对自己的统治产生不利影响，晋安帝元兴二年，即403年，桓玄下令清理沙门，强令出家僧尼在见到帝王时要行必要的礼节，不作礼敬者，一律获罪。而慧远则作了《答桓太尉书》和《沙门不敬王者论》，阐述了佛教能够起到辅助王政、教化民心的作用，并请求统治者对沙门的习俗持宽容之心。慧远本身有着坚定的宗教信仰，而且他的佛学理论极其深厚，其人格品行也崇高无缺，因此赢得了统治者的敬佩，桓玄由此也收回了成命。

慧远为佛教理论的中国化和本土化，作出了很大贡献，他的代表性佛学思想主要是法性不变、魂神不灭和因果报应。

慧远在《法性论》一文中指出："至极以不变为性，得性以体极为宗。"法性是佛教的最高实体，是真常不变的。世俗之人终日里受到情欲的牵绊和搅扰，无论如何静心都难脱离世俗的牵累。因此，依照佛法而修行，便成了获得

解脱的唯一途径。“是故反本求其宗者，不以生累其神；超落尘封者，不以情累其生。不以情累其生则生可灭，不以生累其神则神可冥。冥神绝境，故谓之泥洹。”唯有反本求宗，洞见无常世事之后的真常不变的法性实体，才能登上泥洹（即涅槃）的大道。在此种境界中不再有任何心灵的牵绊，更没有忧愁烦恼，是一种终极清净自在的境界。

慧远又从法性不变出发，推导出灵魂不灭的结论。学佛修道之人，精神与法性实体已然结合，通过宗教上的修持便转化成为佛之法身，而凡俗之人的精神只能是随物而化，在生命结束之后，便会转化到另一个形体之中。在《沙门不敬王者论》一文中，慧远如此写道：“神也者，圆应无生，妙尽无名，感物而动，假数而行。感物而非物，故物化而不灭。”

在中国传统宗教观念中就存在灵魂观，认为灵魂是非物质的，而且认为人的肉身是短暂的，而灵魂却是长久存在的，不会随着肉身的死亡而死亡。慧远还提出了“薪尽火传”的说法，一个肉体消亡了，灵魂就会转到另一个肉体上，好比一堆柴烧尽了，火种却不会消失，而是传到另一个火堆上去，“火之传于薪，犹神之传于形。火之传异薪，犹神之传异形”。而灵魂的这种传递，就是佛教所说的轮回。

慧远更进一步，把佛教的轮回学说和中国古代早已有之的善恶因果报应思想相结合，“三业体殊，自固有定报。业有三报，一曰现报，二曰生报，三曰后报。”（《三报论》）而这些因果联系，都是从人的主体活动中建立起来的。人的一言一行，乃至当下的每一个念头，都是具有善恶不同的价值属性的。每个人所造之业不同，所受到的果报自然也是千差万别的。慧远的“三业三报”说不仅更加强调人们要对自我的言行负起责任来，从而对净化人们的行为起到了一定的作用，而且也比传统的福祸因果说具有更大的灵活性。

慧远把人的不死而永恒存在的灵魂当做承受轮回业报的载体，其理论根据是灵魂不死论。鸠摩罗什则指出慧远的这种佛学思想与印度传来的大乘佛教教义并不相符合，因为这种对于灵魂的执着，是犯了“我执”的错误，假如仅仅是从迷恋自我灵魂，为了自己不堕恶道，能够脱离轮回苦海、获得福报而做善事、修福田，动机仍旧是功利的，因此仍然算不得是真正的解脱。

但是，根据印度佛教一切皆是无常的说法来讲，既然一切事物和现象都是变化不定的，那么人的灵魂不断轮回，也是可以说通的。而鸠摩罗什所宣讲的教义尽管符合印度佛教的正统，但是他的理论十分深奥难懂，不易为中国人所接受。而慧远把印度佛教的理论和中国由来已久的业报思想相互结合，不仅减少了弘传佛教的阻力，也使得理论更加通俗易懂，同时也便于发挥佛教辅助王政、教化人心的作用。所以，慧远的这一佛学思想一经提出，就受到社会的重视和统治者的欣赏。这也说明，中国宗教有一个很大的特点，那就是重视宗教的社会功用更胜于其哲学理论上的探讨。

支道林：即色本空　一代玄僧

支道林（314—366年），本名支遁，名字行，俗姓关，陈留（今河南开封市东南）人。东晋时期的佛教学者。梁《高僧传》卷目《晋剡沃州山支遁传》中称支道林“幼有神理，聪明秀彻”。他出生在一个信仰佛教的家庭，从小便受到佛教文化的熏陶，表现出异于常人的见解，而他对于佛法教义更是有自己独特的领悟。道林25岁时正式出家为僧，他先在吴建支山寺，后到剡（今浙江嵊县），晚年时候辗转来到石城山建栖光寺。晋哀帝继位后，诏令其到建康（今江苏南京），住东安寺，登坛讲解《道行般若》，受到了社会名士和僧俗信众的敬重，乃至朝野都十分悦服。三年后，他请求还东山，得到哀帝允许，太和元年（366年）圆寂，世寿五十三岁。

支道林喜欢谈论玄理，对《庄子·逍遥游》进行了注释，并有自己独到的见解。他在白马寺与刘系之等人谈到《庄子·逍遥游》时，有人说“各适性以为逍遥”，认为只要做到“适性”，就能达到逍遥自在的人生境界，而支道林却不同意这种说法，他说：“夫桀、跖以残害为性，若适性以为得者，彼亦逍遥矣。”夏朝的暴君夏桀以及大盗盗跖都是以残害他人为自己的性情爱好，假如他们也要随顺着自己的性情来，就能达到真正逍遥的标准，那么他们也真算是逍遥了！

王羲之听别人说起支道林对于《庄子·逍遥游》篇颇有研究，最初并不相信，后来支道林路过会稽，王羲之专程前去拜访，向支道林问：“《逍遥》篇您可曾读过吗？”支道林听后，知道这是在试探自己，便作了近千言的一篇文章，阐述自己对于《逍遥》一篇的见解。他的学识和才华，以及不同凡俗的见理，都使王羲之由衷地信服，一连几天都在讨论《庄子》，甚至都舍不得他离开会稽，生怕以后再没机会一起探讨《逍遥》篇了。

支道林在讲解经书时有个特点，就是只标举大义，但是对于词句文章就不免会有遗落的时候。那些拘受经文的人便以此事作为嘲讽他的把柄，说他没有学问，鄙陋无知，但是谢安却十分欣赏支道林的这种讲解方法，他说：“道林讲解佛法，就好比是九方皋相马，九方皋在相马时只要看出马是否神情俊逸即

可，哪里还需要管毛色是黄是黑呢？”可见，当时的很多士人还是很欣赏道林的，这与道林广博的学识以及对于老庄经典的深刻理解自然不可分开，但是也说明当时士人所推崇的是那种旷达洒脱、自然豪迈的风姿，无疑地，道林正符合当时士人所推崇的标准。

历史上流传的很多故事，都足以说明当时高门士族对道林的尊崇。谢玄在为父亲守丧时，道林前去找他，于是两人就谈起了老庄玄学上的一些问题，从早上一直说到傍晚，他从谢玄家回来后便对旁人说：“今天我算是与谢公畅聊了一回。”看来封建礼教也无法抵挡士人对于探讨玄学的兴味。

支道林之所以在老庄学问上如此下工夫，原因在于他主要是研究佛教般若学的，而般若学又与老庄的思想有近似及相通之处，因此，他经常用《老》《庄》的道家思想来弘扬般若，这也是为了减少弘法时的阻力。而正是由于他的学识、才情超出凡俗，也因为魏晋时代玄学思潮的发展，使得他与众多社会名流交游甚广，如当时的王洽、刘恢、许洵、郄超、孙绰、王敬仁、何次道、王文度、谢长遐、袁彦伯、王羲之等，都曾与他往来探讨学问。孙绰在《道贤论》中，把道林和向秀相提并论，说:“支遁、向秀雅尚《庄》《老》，二子异时，风好玄同矣。”而在《喻道论》中，他则说道：“支道林者，识清体顺，而不对于物。玄道冲济，与情同任。此远之所以归宗，悠悠者所以未悟也。”郄超在写给一位友人的书信中，称赞支道林“神理所通，玄拔独悟，实数百年来，绍明大法，令真理不绝，一人而已。”这样的评价，可谓甚高。而在道林死后，东晋时期的画家戴逵，从道林墓前经过，叹息道：“德音未远，而拱木已繁，冀神理绵绵，不与气运俱尽耳。”

晋哀帝即位之前就颇闻道林盛名，因此在即位之后便一连两次派遣使者前去道林那里，把他请到京城。道林走出深山寺院，来到了繁华的都市，住进了东安寺，主要讲解《道行般若经》，道林在这之前就已经颇负盛名，而后又潜心研读经书，修学佛法，如今更比以前讲解得要深刻得多，因此道林此一番讲解赢得了满朝士人的叹服。当时的一位名士王濛前来与道林谈论，他事先构思好准备谈论的内容，并用华丽的辞藻来做修饰，希望能驳倒道林。王濛口若悬河地说了好多，谁知道林却并不对答，也不回应，王濛便以为支道林不是他的

对手，因此越发得意起来，滔滔不绝地继续说自己的观点。道林听完之后，只是淡淡地说："我与你相别多年，今日听您这些谈论，您说话的技巧和水平果然进步不少。"当即王濛便现出羞愧的神情来，以后逢人便说："支道林果然是僧人中的王弼、何晏啊。"

在东安寺的这几年，道林日渐感觉不像以往那样自在随心，每天讲经的时间很少，因为大部分时间都用在了与门宦士人的来往酬答上。也许道林感觉到在这样的环境中迎来送往，是一种对生命的耗费吧，于是在进住东安寺三年之后，他便上书皇帝，恳请返回以前自己所居住的寺院。皇帝见道林执意要走，便不好多加挽留。道林要回东山的消息一经传出，便引来社会名士纷纷前来相送，并赠送给道林许多贵重物品，其中有骏马，也有珍稀的白鹤。当然，这些也引来一些人对道林的诟病，认为他一个出家人，居然还如此贪恋世间俗物。道林说他所喜欢的只是马的风姿，白鹤的神情，而并非是它们所值的价钱。

根据梁《高僧传》卷四所记载，支道林的著作主要有：《安般注》《四禅注》《即色游玄论》《圣不辩知论》《道行旨归》《学道诫》《切悟章》等著作。在《即色游玄论》中，道林倡言"即色本空"思想，为魏晋时期般若学六大家之一。

支道林认为，人们在日常生活中所眼见目睹的只不过是事物的表象（色），而并不是事物的本质（真如），因此，人们在认识上尽管有所感知，可是在客观上却并不一定确实存在这样的事物。因为一切事物现象，都是待缘而后有，都要依赖其他的事物才能生起、存在、发展，自然也会消失、消亡。从这一层面上来说，一切事物自然都是空无自性的，虽然眼睛能够看到它们，但它们不会永远存在，因而也就不是真实存在的。

支道林是直接用佛教的缘起思想来说明般若空观的，从这一点上来看，似乎是脱离了魏晋玄学的范畴。但是，从他的思维方式上分析，就可以看出其实他并没有超出玄学思想体系中"本末"范围，完全割断了本质与现象之间的关系，而且支道林把色（外部事物）与真如（内在本质）完全对立起来，这也不符合般若学的中观思想。

支道林作为东晋时期的著名高僧，他一方面与当时的官僚士大夫保持着

广泛而密切地交往，扩大了佛教对社会文化的影响力，他的才华以及人格情操都为当时的士人所倾慕，而且道林还创造性地用玄学语言来阐释佛教的般若义理，创立了即色宗一派。

道林有一位相交颇深的同学名叫法虔，这人修行多年，也颇通玄理，与道林来往很密切。可是忽然一日，法虔就去世了，道林听到这个消息后感叹道："法虔去后，我便再无知音了。"之后便一病不起，在写完《切悟章》之后，道林也圆寂了，这一年是太和元年。

鸠摩罗什：忍辱精进 弘法东土

鸠摩罗什（344—413年），东晋时期后秦高僧，佛经翻译家，与真谛、玄奘并称为中国佛教三大翻译家，为当时的龟兹国人，他幼年时就随母亲出家，20岁受戒，先是学习了小乘佛法，后来学习大乘佛法，尤其把精力放在般若学的钻研上，并且努力学习汉语，最后博通大小乘佛法，又精通汉语。鸠摩罗什年轻时代曾在天竺诸国游学，遍求名师，由于他聪颖好学，又博闻强识，于是受到当时许多名师的关注，并被寄予了深厚的期望。383年前秦大将吕光攻破龟兹时将他俘获，次年，鸠摩罗什被押往后凉。在东晋后秦弘始三年（401年），姚兴派人将他迎到长安，被尊为国师，进行翻译佛经的工作，他带领弟子翻译了《摩诃般若波罗蜜多心经》《妙法莲华经》《维摩诘经》《佛说阿弥陀佛经》《金刚经》等经典以及《中论》《百论》《十二门论》等论著，共计74部，384卷。

最初，鸠摩罗什怀着弘法利生的心愿要到中土来传法，可谁知，这弘传佛法的过程，并不顺利，还受尽了磨难。382年，苻坚派吕光攻打龟兹，临行前交代对吕光说："龟兹那里有个叫鸠摩罗什的人，听说他很有学问，而且也被世人所敬仰，我十分想见到这个人，你一定要把他带回来。"

吕光在俘获了鸠摩罗什之后，并没有看出他有什么奇异的地方，那时鸠摩罗什才三十出头，吕光就想戏耍他一番，就强迫鸠摩罗什与其表妹龟兹公主成亲。鸠摩罗什自然是宁死也不肯答应的。吕光就设计将他和龟兹公主用酒灌醉，然后把他们关在一个密室里。鸠摩罗什因此而破戒，为此他后悔不已，但是想到自己还负有传播佛法的责任，也只能暂时隐忍下来。之后，吕光又想出各种手段羞辱鸠摩罗什，但鸠摩罗什没有一句怨言，只将忍辱当做修行。直到401年，后秦姚兴为延请鸠摩罗什弘法传教，而发兵后凉，在大败后凉军之后，才将鸠摩罗什迎请到长安，并拜为国师。至此，鸠摩罗什东传弘法的艰辛之路才算是终结，而此时的鸠摩罗什已经58岁了。

可是，鸠摩罗什之后的弘法译经事业，仍不顺利。国君姚兴认为像鸠摩罗什这样的人才世间极难再找到第二个，所以理应留下后人才好，为了能使他

留下“法种”，姚兴就强迫鸠摩罗什接受他赠送的侍女十名，鸠摩罗什坚决不同意，但是姚兴乃一国君主，鸠摩罗什又担心会因为得罪君主而不利于弘法工作，只能听凭姚兴的安排。此后，鸠摩罗什便生得两个儿子。

当时有很多人就此事议论纷纷，有人诋毁鸠摩罗什，身为沙门却做出这样的事来，也有对鸠摩罗什的遭遇抱同情心的，而更多的则是纷纷效仿他的人。为了弘法事业，鸠摩罗什将这些屈辱隐忍下来。

鸠摩罗什本人也知道，他的种种行为已经触犯了大乘戒律，因此在每次说法讲经之前，他都对僧俗众生说：“莲花如此忙碌圣洁，却是在污泥中长成，大家只需要采摘莲花即可，而污泥就不要碰了。”从他的这些话中，我们也可以看出他内心的纠结与无奈。

当时在罗什的弟子中，也有人想效法他，既娶妻生子，又出家修道。鸠摩罗什为了让有如此想法的人老老实实学佛，就当众表演，将一碗银针吞下，而且还能坦然自若，以说明自己道行精深，尽管自己破坏了戒律，污染了梵行，但实属无奈，而那些存心要亲近女色、破坏梵行的人切不能效法。

鸠摩罗什所承袭的是龙树的大乘中观思想，在经过自己的理解和阐述后形成了般若中道论，其中心思想即是缘起性空，根据众生的根器不同而用真俗二谛的义理来教化众生，从而打破对名相的执着，以达到无相涅槃的境界。

鸠摩罗什作为宣扬大乘佛法毕竟空的一员主将，还针对慧远的因果报应理论进行了一番批驳，他破斥“神我”学说，就是为了纠正慧远因果报应论中对小我的迷恋和执着。

鸠摩罗什在《大乘大义章》中对大小乘佛法做了明确地区分：“有二种论，一者大乘论，说二种空，众生空，法空；二者小乘论，说众生空。”而这也成为中国佛教界对大小乘区别的定论。鸠摩罗什所宣扬的空观，旨在扫除一切名相上的执着，这种观法就是为了给大家提供一种不着两边，也不舍两边的中道实相境界，而这才是真正的彻底解脱。

鸠摩罗什不仅是出色的佛经翻译家，而且他自己也著有佛学理论著作，主要有《大乘大义章》《实相论》等。他门下弟子众多，其中最为著名的弟子有道生、僧肇、道融、僧叡，时人称之为“什门四圣”；道桓、昙影、慧观、慧

严、僧肇、竺道生、道融、僧叡，被称为“什门八俊”；另外，道生、僧肇、道融、僧叡、僧契、昙影、慧严、慧观、道常以及道标，这十人被人们称为“什门十哲”。鸠摩罗什的这些弟子中，有许多人后来都成为中国佛教不断向前发展的积极推动者。

东晋安帝义熙五年，鸠摩罗什在长安圆寂，火化之后，鸠摩罗什的舌头尚在，而身体的其他部分都已化作舍利。只因罗什生前曾在众僧人面前发下誓愿：如若所传所译的经典没有错误，那么在他身死火化之后，舌头依然完好，不会焦烂。

鸠摩罗什所传译的大乘空宗佛学理论，不仅对当时的中国佛教带来极大的启发，而且关于般若空观这一问题的讨论，也使中国佛教渐渐地挣脱开魏晋玄学理论的旧有框架，开始了独立发展。从此之后，中国佛教才逐渐地形成自己的理论特色。

道生：生公说法　顽石点头

道生（355—434年），晋宋年间高僧，俗姓魏，巨鹿（今河北省巨鹿县）人。幼年时随竺法汰出家，因此而改姓竺，15岁时便可登讲座，20岁时受具足戒。之后来到庐山隐居七年，东晋元兴三年（404年），与慧睿、慧严一同前往长安，师从鸠摩罗什，并辅佐鸠摩罗什译《大品般若经》《小品般若经》。

397年，道生来到庐山向慧远求学佛法，在这一学习时期，他还拜谒了僧伽提婆，并学习了《阿毗昙经》等小乘佛学教义。他在庐山一共学习了7年，在跟随慧远学习的这几年中，道生日夜苦读，并逐渐显露出极好的悟性，这也为他以后的继续学习打下了基础。

之后，道生听说鸠摩罗什在长安翻译佛经并讲解大乘佛法，他在404年又向西安进发，跟随鸠摩罗什学习了《般若经》，这是大乘佛法的代表性经典。由于他的刻苦勤奋以及超出常人的领悟力，从而获得了鸠摩罗什的欣赏，还参与了大、小品《般若经》的翻译工作，此时的道生与僧叡、道融、僧肇并称为“什门四哲”，已经有了一些声誉。

407年道生又回到了建业，开始大力弘传涅槃 ，而且还形成了自己的理论特色——涅槃佛性说。由于道生所跟随的名师甚多，所接受的佛学理论思想也很庞杂，使他成为当时集三家学说于一身的佛学思想家。道生的佛学理论很多，而且都十分惊世骇俗，比如，佛性当有说、顿悟成佛说、法身无色说、佛无净土说、应有缘说、善不受报说、二谛说、一阐提人皆得成佛说等，这些佛学思想冲击着江南佛学界，而其中最有理论特色的就是涅槃佛性思想。也许是由于他的佛学理论太过于先进了，以至于遭到了“逐出建业”的惩罚，直到后来《大般涅槃经》的下半部传到东土，大家才发现经文确实有“一阐提人皆可成佛”的字句，这才又把道生请回建业，并尊其为“涅槃圣”。也正因此，道生的晚年在庐山一直都宣讲《涅槃经》。

在晋宋之际，正是中国佛学处在从般若学说的探讨向涅槃学说探讨的一个过渡时期，道生是其中起着转折作用的人物。般若学的意义在于扫除对于名相的执着，教人们识破世间万法皆空的道理，由此而解放自心，获得自在解脱的

境界。大乘空宗为了贯彻自己的理论，把涅槃这一佛教修行所获得的最高境界也说成是一种“空”。大乘般若学的这种“毕竟空”的理论，对于大多数文化水平层次不高的人来说，是很难理解的，而且在具体的修行实践上也会造成很多困境。当时就有人生出疑惑：既然连修行的目标——涅槃境界都是空的，那么我们的修行还有什么意义呢？

因此，道生认为，般若学其实还不是佛教的最高境界，这也只是佛陀为了方便传法而对某一类人所做的开示，是一种随机应化的方便法门罢了。因此，修行者应该提高自己的修行阶次，即对“实相”进行观照，这种实相，也就是佛的法身。因此，大乘的毕竟空还不是最高层次的理论，在道生这里，应该由空而转有，向涅槃实相靠近。

道生所说的这种实相，其实是宇宙万物性空之道理的观照和体悟。佛便是悟理之体，佛也就是真理的化身，而佛也是无形无相的。道生认为佛经中对于佛的描述，比如“丈六金身”“耳如垂珠”等的说法，其实也是一种立教言说的方便。同样，佛经中关于净土世界的说法，其实也是一种立教的方便。成佛，其实在于返归实相，体悟到自己内在的佛性。从佛无净土说，道生又推导出“善不受报”说。道生认为因果报应这些说法用功利来吸引别人，根本不符合舍弃罪福、彻悟人生、出离轮回的涅槃境界。

很明显，道生的这些佛学思想是针对慧远等人的净土信仰和因果报应学说而阐发的。但不论是道生的“佛无净土说”“善不受报说”，还是慧远的净土世界说和因果报应说，其实都是佛教文化思想在不同层面上的阐释，因此，这些观点看似矛盾，实际上并没有本质上的不同，都是佛教信徒为了佛教发展而针对不同层次的信众所做的不同说教而已。

道生的这些佛学理论已经算是惊世骇俗的了，然而道生的另一个佛学思想更是在当时的佛教界引起轩然大波，那便是“一阐提人（善根断尽之人），也有佛性，皆可成佛”。道生所谓的成佛，不同于道教所说的长生不老、肉体飞升成仙，也不是世俗人们所理解的那样，个人的灵魂超脱轮回而达到彼岸世界，成为带有神通的“佛”。道生认为：“夫大乘之悟，本不近舍生死远更他求之也。斯为在生死事中，即用其实（种子）为悟矣。苟在其事，而变其实为

悟始者，岂非佛之萌芽起于生死事哉？”（见《注维摩诘经》）因此，道生所讲的成佛，不过是在生死的过程中超越生死。既然如此，那么一切众生，便皆是佛。由此，道生便推论出“一阐提人皆有佛性”的说法。此说一出，便引起大批拘守文辞人士的强烈不满，而道生则坚持自己的想法，认为既然佛性是众生本有，那么假如承认一部分有情有佛性，而另外一部分没有佛性，就会动摇整个佛性论的理论基础。道生坚持自己的见解正确，因而也得到了逐出建业的惩罚。

道生气愤之余，便来到苏州虎丘说法，他一连讲了好多天佛门大义，结果虎丘山上的顽石都听得纷纷点头，似乎听懂了道生所宣讲的佛法。这便是“生公说法，顽石点头”的传说，这个传说也印证了道生当时孤明先发，所讲授的佛法契合于经义。之后，道生又来到了庐山，在这里弘传自己的教法。不久，北凉昙无谶四十卷本《涅槃经》传到建业，经文中果然有“我经中说，一切众生，乃至五逆，犯四重禁及一阐提，悉有佛性”。直到这时，建业的僧人们又转而开始佩服起道生的悟性来，便连忙去庐山迎请道生回来讲法，此时道生已经是闻名天下的名僧了，而他也没有心思再回建业讲经说法。

宋元嘉十一年，道生在庐山精舍开坛讲法，僧俗四众纷纷前来，但见法座上的道生神情豪迈，面色开朗，在宣讲精深道理时，声如洪钟，而四下僧众信徒个个听得如痴如醉，十分欣悦。在法会即将结束时，大家看到道生面容端严，正襟危坐于法座之上，仿佛入定一般，可是等一名侍者上前仔细看时，却发现道生法师早已阖然而逝了。道生圆寂的消息传到建业，那些当初驱赶过他的人无不深感惭愧，并纷纷忏悔过去的所作所为。

在成佛的方法上，道生提出了“顿悟说”，他认为必须在“十住”的最后一念生起“金刚道心”，只此一念就把一切迷惑、分别、妄念统统断尽，在此基础上悟得佛理，那么就可以立即成佛。在道生看来，佛性是众生成佛的正因，但同时他也强调成佛的过程中还要继续修习缘因，正所谓“悟不自生，必藉信渐”。因此，道生的顿悟成佛说，远不如后世禅宗的顿悟说更快速、更彻底。

在道生之后，对般若学探讨的狂热逐渐降温，而涅槃学则成为佛教界的

主流学说。在中唐时期，道生的佛性论还直接成为启发禅宗这一纯粹中国化佛教宗派产生的主要原因，此外还间接地影响了宋明理学，特别是宋代陆王心学理论中的“心性论”。可见，道生对中国佛教的影响是极为深远的。

僧肇：法中龙象　才思幽玄

僧肇（384—414年），俗姓张，京兆长安人，少时家境贫困，只能以代人抄写书籍作为谋生的手段，生活虽然清苦，但也使得他能够阅读百家言说，而僧肇尤为欣赏的则是老庄的道家思想。随着知识面的不断扩展，僧肇觉得老庄的道家思想“美则美矣，然期栖神冥累之方，犹未尽善”。之后僧肇又读了《维摩诘经》，他品读再三，认为找到了属于自己的道路。

为了寻求真正的解脱法门，僧肇决心投入佛门。出家之后，他“学善《方等》，兼通三藏”，二十来岁时就在关中一带出名，当时一些人妒忌僧肇的才华，更有人不远万里来找他辩论，僧肇“才思幽玄，又善谈说，承机挫锐，曾不流滞”，这些本想挑战僧肇，挫败他锐气的人，最后都敌不过僧肇，只能败兴而去。

鸠摩罗什在北凉时，僧肇决定投入他的门下修学，而鸠摩罗什对僧肇也是倍加欣赏，后来僧肇又跟随他来到长安。在逍遥园译场参与译经工作时，僧肇尽其所能，他所写的经序、经注，被鸠摩罗什誉为“秦人解空第一”。僧肇才华横溢，却在30岁就英年早逝，他的主要著作主要包括《不真空论》《物不迁论》《般若无知论》《涅槃无名论》。僧肇的著作，主要阐扬龙树、提婆的《百论》《中论》《十二门论》中的“中道”思想，所以也被后世的三论宗尊奉为初祖。此外，僧肇还有各种经注，如《维摩诘经注》《百论·序》《长阿含经·序》《定藏论》《梵网经·序》《金刚经注》《法华经翻经后记》《鸠摩罗什法师诔》等。

作为鸠摩罗什的得意门生，僧肇最擅长的是般若学，在《肇论》中可以得见僧肇的全部佛学思想，其中《不真空论》反映了僧肇的佛教宇宙观，并对当时的六家七宗进行了批判性总结，指出他们都没有把握到般若空观的实质。

在批驳心无宗时，僧肇写道：“此得在于神静，失在于物虚”，指出这并没有达到人法两空的大乘境界，因此还是不彻底、不圆满的。对于即色宗，僧肇指出：“夫言色者，但当色即色，岂待色色而后为色哉？此直语色不自色，未领色之非色也。”即色宗的观点是把世界分为本质与现象两个部分，现实的

物质世界不过是随缘而起的现象而已，并没有自性，因此不是实在的，而是空的。僧肇则认为即色宗这种割断现象与本体的说法不符合中道观，因为从中观的角度去看，现象与本体是统一的，世间万有都是因缘和合而成的，因此说是无自性的，而不用再人为地加以分别现象与本体，进而确认一切皆空。

道安的本无宗，以为佛教之空，就是绝对的虚无，认为真如存在于现象世界之外，这显然也不符合中道观的思维方法。中观学说认为，现实世界是待缘而起，因缘和合的产物，缘起则有，缘散则还归于无，因此世间万事万物都是没有自性本质的，因而便是虚假不实的。在这个意义上来说，就是一种“空”，然而这种空，并不是无，而是处于一种“假借名号”的存在状态之中。对于本无宗，僧肇则说：“本无者。情尚与无。多触言以宾无。故非有。有即无。非无，无亦无。寻夫立文之本旨者。直以非有非真有。非无。非真无耳。何必非有无此有。非无无彼无？此直好无之谈。岂谓顺通事实，即物之情哉？”在僧肇看来，正确的般若空观应该是“即万物之自虚”，即通过对现象世界的谛观，进而得到“万法皆空”的醒悟。

《物不迁论》则主要反对小乘说一切有部“未来来现在，现在流过去”，三世流转，万物现象皆在变化而本质却不变的观点。僧肇认为，真如佛性本是动静一如的，即体即用，而小乘佛法却割裂了动静与体用之间的内在联系。

《般若无知论》主要在于阐释真如无相、般若无知的道理。真如并不是存在于人们所能感知的现实世界之外的某一种实体，所以，不能以人们感知现实世界的智慧去感知、理解般若。因此，僧肇把人们的智慧分为两个层次：普通人所具有的感知现实世界的智慧，这属于“惑智”，是对现实世界的虚假认识，假如用这种智慧来感知般若，则永远不能达到真如之彼岸；而佛所具有的智慧则是“圣智”，这种智慧一般人难以理解，无相无名，它没有形象，也无法用语言文字加以表述和把握，而是一种神秘的直觉。那么如何才能获得这种“圣智”呢？僧肇告诉人们，要抛弃一切世俗的认识、知识和见解，这种大彻大悟的般若智慧境界，才是一种实相境界。达到了这种境界，就是使自己的思维超越了现实束缚而达到一种绝对自由的程度，即涅槃境界。

《肇论》一出，在当时便引来不小的轰动，并且在此后的岁月里，各朝各

代都有人对其进行研究。作为三论宗的重要典籍，《肇论》思想幽深，辞藻优美，理论上颇多创新，将缘起性空的般若中观学说表述得淋漓尽致。

弘始十六年，即414年，年仅30岁的僧肇英年早逝，这不得不说是中国佛教史上的一大遗憾，当时僧俗大众无不深感惋惜。如若僧肇不是这么年轻就去世，以其学识和才能，必将为中国佛教的发展作出更多贡献。

菩提达摩：王室贵子　禅宗初祖

菩提达摩（？—536年），中国禅宗初祖，生于印度，为一婆罗门后族，相传他是香至王的第三个皇子，后厌弃红尘世俗生活而皈依佛门，跟随般若多罗大师学习佛法。南朝时期，菩提达摩来到中国，以禅法教人，他曾经应梁武帝的邀请来到金陵与之对答，但因为机缘不合适，菩提达摩并没有得到梁武帝的赏识和信任。于是菩提达摩渡过长江，来到嵩山少林寺，面壁九年，终日默默，在这之后创造出了一种以“壁观”“理入”为要旨的禅法，之后菩提达摩将自己所创的禅法传给了慧可。

达摩所传的禅法以“直指人心，见性成佛，不立文字，教外别传”为要旨，世人只要明心见性就可当下解脱成佛，而语言文字不过是一种描述事物的符号，因此要脱离语言文字和名相的束缚，彻底解放自己的思维和心灵，从而达到一种心性清净光明的境界。

菩提达摩在弘法时强调坐禅入定，而其基本教旨则是“二入四行”。“二入”指的是“理入”和“行入”。所谓“理入”，即“藉教悟宗，深信含生同一真性；客尘障故，令舍伪归真，凝住壁观，无自无他，凡圣等一；坚住不移，不随他教；与道冥符，寂然无为，名为‘理入’也。”（参见《续高僧传》卷十六，《达摩传》）可见，理入就是要悟入禅门的义理，可以看做是一种禅门理论修养。而“行入”，就是禅宗的具体修行实践，习禅之人在悟道后还要在实际生活中体悟、印证。达摩的“行入”包括“四行”：“报怨行”“随缘行”“无所求行”和“称法行”。“抱怨行”，即是在修道的过程中遇到艰难困苦，或是他人的恶意对待，乃至摧残折磨，都想着这是自己以往过去生中所造之恶业，在此一世中所受的果报，因此就不该生起嗔恨和懊恼之心。既然都是自己宿业所做，那么就要心甘情愿地忍受下来，并由此生起出离心，精勤修道，证得佛果，出离轮回之苦。“随缘行”就是说即便在世间获得了荣誉、地位、财富等，也不过是以往所做的善因，如今因果成熟而得到的善果。因缘尽时，这些事物也会随之而去，不会永久长存。因此，纵然现在获得，又有什么值得欢呼雀跃的呢？正所谓“众生无我，苦乐随缘”，只有做到得失随缘，心无增减，这才是真正快乐

自在的人生。“无所求行”是说世间人心中欲望很多，贪执很重，总是不停地为自己索求功名财富地位等，却不知道这些东西全是心上的枷锁。他们不明白三界皆苦的道理，反而觉得拥有得越多才越是快乐。可是，你求来求去的，就真的能全都如你所愿吗？世人总有求不得之苦啊。因此说，无所求才是最逍遥自在的，以这种无所求的心理状态，众生才能更深入地契合禅道正法。“称法行”所强调的是学禅之人要在修行中以清净本性了悟佛法，证悟心性，以达到觉悟的佛境。“二入四行”是菩提达摩所传禅法的核心内容，并且对此后禅宗的发展起着十分重要的作用。最初，为了贯彻落实这四行，从达摩初祖到慧可二祖，都是十分重视头陀苦行的，不过在禅宗以后的发展过程中，逐渐地越来越重视“理入”，更加注重对心性的体悟，而对于修行实践中的苦行就不再那么重视了。

历史上流传着许多关于达摩祖师在中国弘法时的故事。据说菩提达摩有一次为了弘法要渡过长江，当时达摩所传的禅法并不被世人认可，为了表明自己所传禅法真实不虚，达摩就在岸边折了一根芦苇，他对岸上的人说：“如果我所传的禅法符合佛教大义，那么我就站立在这根芦苇上渡过长江；如果我所传的禅法是误导世人，那么就让我葬身在这大江之中。”人们只当哪里来的疯和尚在说笑话，便起哄附和道：“如果真的像你所说的那样，你能站在这根芦苇上渡过长江，那么我们这些人全都皈依佛门，做你的弟子。”达摩禅师望了一眼这些人，一句话也不说，他把芦苇扔到江中，自己一纵身，站在这芦苇之上，漂洋过江。在场之人无不称奇，纷纷朝着达摩远去的方向顶礼跪拜。至今在禅宗祖庭少林寺还有达摩祖师一苇过江的石碑画。

关于达摩的死因，历史上众说纷纭，据说当时有一位叫菩提流支的僧人，为一朝国师，他十分妒忌达摩，便多次加害于他，但是每一次菩提达摩都能躲过去，直到他把自己的心法传给慧可之后，认为慧可足以担当起弘传禅法的重任，才心甘情愿地被菩提流支毒死。这一年是东魏天平三年，达摩祖师于洛滨示寂，被弟子们葬在熊耳山定林寺内。据说达摩祖师圆寂这一年，他已经有150岁了。而更神奇的是，当有人报告梁武帝萧衍，他看到达摩祖师挑着一只草鞋往西去了的时候，梁武帝大惊，便命人打开达摩祖师的棺椁，里面果然没有达摩的遗体，而只有一只草鞋，方知他以成佛西去了。从此，定林寺便更名为空相寺。

慧可：自心自度　不假外缘

慧可（487—593年），为我国禅宗二祖，俗姓姬，虎牢人（今河南荥阳县）人，少年时代曾为一儒生，他聪敏过人，博览群书，又通达老庄易学，出家之后严格行持戒律，研读三藏经论，后来遇到菩提达摩在嵩洛一带游化，便决心师从于他。慧可在达摩处修学了六年，一心探究佛教一乘的法旨。达摩圆寂之后，他便在黄河附近隐居修行。可是，他早年时就已经名声在外，因此便有许多僧俗信众前来求学问道，他不厌其烦地为大众开示佛门心要，以期能够尽自己的力量助人证悟正道，早日得见心性灵光。

天平元年（534年）慧可来到东魏邺都（今河南安阳市北部地区），弘传禅法，时常也会与一些僧人就佛门义理进行辩论，当时著名的学者道恒与慧可多有辩论，暗中命令弟子诘难慧可，慧可非但没有恼怒，反而将自己禅法尽数传出，这名弟子听完之后，心悦诚服，欢愉异常，道恒由此而对慧可有了更多的误会。慧可眼见自己在邺都受到持不同教理者的不满和迫害，其后一直在邺卫（今河南安阳、汲县）之间游离，追随他的弟子也就不再那么多了。

据说当时慧可在向菩提达摩求取真传时，并不叫“慧可”，而是叫神光。那是在达摩面壁的第三年，他正在打坐时，有个僧人远道而来，慕名前来求法，可是对于这个请求，达摩根本不予理睬，继续打坐禅修。

但是这个僧人并不失望，一连在达摩打坐的山洞外等候了好几天，也不觉得恼火。某一夜大雪降下，他不畏严寒，仍旧站在山洞外面。

过了许久，菩提达摩才缓缓开口，问道：“你这晚辈学人，一定是从远道而来的，你到我这里来有什么事情吗？”

“我来是希望能得到您的真传，恳请您慈悲开示。”

达摩说道：“想要学我的禅法，可并非是那些小根小慧的人所能达到的。只有能行世间最难的苦行，忍世人所不能忍，才可以成就大道。假如你没有这个恒心，最好还是回去吧！”

神光（也就是后来的慧可）听完，便挥刀砍断左臂，以表示自己跟随菩提达摩的决心。达摩见到后说：“你为了求取禅法，能够舍去自己的肢体，就足

可见你的真心了！你有哪些困惑需要解除呢？”

“弟子的内心极其烦乱，很是不安稳，所以恳请法师您能慈悲我，帮我安定此心。”神光答道。

“那么，你把你的心拿来给我看，我来帮你让它安稳。”

“可是，我找不到它啊。”

“你看，我已经帮你把心安好了。”达摩说。随后，他又给眼前这个僧人重新起了名字，叫做慧可。

后来慧可得到达摩的真传，特别是菩提达摩传给他的四卷本《楞伽经》，此经与《金刚经》共同成为对禅宗影响深远的佛教经典。四卷本《楞伽经》重视内心自解自悟，而解悟的重点又在自心的般若智慧上，而不能让自由自在的心灵被语言文字所禁锢。而“自心自度，不假外缘”便成了慧可佛学思想上的一大特点。

慧可继承了达摩祖师的全部禅学思想，并在这个基础上，发展出自己的禅学理论，而且还用诗句的形式阐述出来：“说此真法皆如实，与真幽理竟不殊。本迷摩尼是瓦砾，豁然自觉是真珠。无明智慧等无异，当知万法即皆如。愍此二见之徒辈，申词措笔作斯书。观身与佛不差别，何须更觅彼无余。”人人本性之中都有一颗摩尼宝珠，只是当我们自性迷误时，把宝珠看做了瓦砾，一旦我们豁然觉悟，了悟自己的本来心性，这自性之光便又重照生命。慧可认为，一切众生都具有同一真性，这便是佛性。如果世间众生能舍妄归真，就可离凡转圣，达到佛境。慧可指出生佛无差别的义理，并践行头陀苦行，以此来激励自己早日得脱轮回，证悟本心之佛性。

根据《祖堂集》所载，在北齐天保初年，有一中年居士，不远千里来到慧可的住处，向慧可请求说：“弟子身患风疾已经多年，实在苦不堪言，恳请和尚慈悲哀悯我，为我忏悔，救我脱离苦海。”

慧可见他面色憔悴，便生出慈悯之心，说：“把你的罪全部说出来，我可以为你忏悔，救你出离苦海。”

这名居士沉思片刻，道：“可是，现在我还说不出我的罪究竟是什么。”

慧可说：“好吧，我已经为你忏悔过了，现在你应该皈依佛法，出家为

僧，这样才能永久地脱离轮回苦海。”

“今日见到您，我知道自己应当成为僧人，但我尚不知什么才算是佛法。”这居士向慧可请教道。

“是心是佛，是心是法，法佛无二，这个道理你可知道吗？”慧可问。

这居士似有所悟地说：“今天我才知道，原来人们的罪不在身体内，也不在身体外，更不在身体之中，人们的罪其实存在于他们各自的心内。生病的是心，可佛法也是心啊！”

慧可听后，心内十分喜悦，便十分器重这个来访者，当即为他剃度，并说：“你正是我禅门中的一宝，从今天开始，我为你取法名僧璨。”

从这个公案可以看出，慧可认为人们的病苦，全是由心生起的，而这所谓的罪，其本性也并不存在，若能反观自省，即是成就佛道。慧可最为得意的弟子便是僧璨和僧那，他将自己的全部禅法传给了僧璨，僧璨因此而成为禅宗三祖。

慧思：弘恕慈育　梵行清慎

慧思（515—577年），俗姓李，后魏南豫州汝阳郡武津县（今河南上蔡县）人，15岁出家，20岁受具足戒后，开始云游四方，四处寻访古刹名寺，后跟随北齐慧文法师，专事修行禅观，领受“一心三观”的心髓，证得法华三昧境界。后来因为遭到诸恶比丘的毒害，他便决定南下弘法。

慧思北齐文宣帝天保四年（553年）来到郢州（今天的河南信阳），应郢州刺史的邀请，他开讲摩诃衍义，但是又遭到恶毒论师的不满与迫害，于次年，即南梁承圣三年来到光州（如今的河南光山）传法，追随他的弟子众多。陈光大二年，即568年，率领弟子来到南岳，前后住了十年，由其弟子笔录他所宣讲的内容：《出四十二字门》《无净行门》《随自意》《安乐行》《次第禅要》《三智观门》《释论玄》等。慧思的佛学思想，既注重禅法实践，又注重义理上的研究，开起了天台宗止观并重的先河。

据说慧思的禅定功夫十分厉害，而且在修行的过程中经常有很多奇异的现象发生，这种种瑞相更加坚定了慧思一心求取佛法的决心。慧思修成禅定之后，得到当时许多名僧的夸赞，慧思也因此名震四方，前来跟从他学习的僧人也越来越多，可是在这些前来修学的人中，也有一些是因为嫉妒而来寻仇的。有人在慧思的茶水中下毒，可是这水却不知怎么被碰洒了；也有外道试图谋划趁着慧思出去时杀害他，可这种谋划屡屡不能得逞，于是就有人说慧思是罗汉转世，一般人是无法伤害到他的。

对于这些恶意伤害和侵扰，慧思却从不在意，他经常对弟子们说，以往的大德在弘法时还经常被人暗算，更何况是他这样无德之人。“如今别人害我，必定是我前世曾对不起他。可知，因果报应是分毫不爽的，所以我也就不担心了，假如命中注定我要为了还债而失去性命，这也是情理之中的事。”这样的话，在慧思说过多次之后，那些想加害他的人，反而不再有所行动了。屡屡遭人迫害，这便是慧思决定南下弘法的一个原因吧。

作为天台宗的先驱人物，慧思的佛学思想的一个特点就是极其重视般若，他倡言定慧双开、一心三观，这种佛学思想对当时及后世的中国佛教都产生了

深远的影响。唐代明僧道宣法师（596—667年）在评论慧思时这样说过："自江东佛法，弘重义门，至于禅法，盖蔑如也。而思慨斯南服，定慧双开，昼谈义理，夜便思择，故所发言，无非致远，便验因定发慧，此旨不虚。南北禅宗，罕不承绪。"（参见《续高僧传》卷十七《慧思传》）

不过，在慧思的佛学思想中，尽管强调定会双开，但他也说过"三乘一切智慧皆从禅生"。可见，慧思还是注重禅定多些，并认为修学者只有在禅定中亲身体证到的智慧境界，才是真正的智慧。假如离开了禅定，去妄求智慧，那简直是不可能的，禅定才是生出智慧的根本。

"一心三观" 的教法，最初由慧思的老师慧文提出，是说在一心之中同时观悟到空、假、中这三谛，才算是真正的圆融。慧文根据《大智度论》《中论》中的说法而创立了"一心三观"的圆顿观法。在《大智度论》卷二十七中有云："欲以道种智具足得一切智，当习行般若波罗蜜；欲以一切智具足一切种智，当习行般若波罗蜜。问曰：如佛得佛道时，以道智得具足一切智、一切种智。今何以言以一切智得具足一切种智？答曰：佛得道时，以道智虽具足得一切智、得具足一切种智，而未用一切种智。如大国王得位时，境土宝藏皆已得，但未开用。……问曰：一心中得一切智、一切种智，断一切烦恼习。今云何言以一切智具足得一切种智，以一切种智断烦恼习？答曰：实一切一时得。此中为令人信般若波罗蜜故，次第差品说；欲令众生得清净心，是故如是说。"这便是"三智"的典故来源。而在《中论》卷四的《观四谛品》中这样写道："众因缘生法，我说即是无，亦为是假名，亦是中道义。"慧文在创立了这种圆顿观法之后，便传给了慧思，慧思在这种圆融观法上十分下工夫，所以这种圆融观法便成了慧思佛学思想上的一个特色。

在慧思几十年的弘法生涯中，跟随他的弟子数不胜数，而他最为看重的弟子便是智顗，他将自己的教法全部传给了智顗，而且慧思还经常让智顗代替自己给僧众讲经，每每遇到文理不通之处，慧思都会给他一些提示。智顗天性聪敏，只需要一点启发便能领会佛法大义。慧思"因定发慧"而最后达到"定会双开"的禅学思想，以及"一心三观"的教理，悉数传给智顗，而

智顗则在慧思的理论基础之上进行了新的创造和发展，从而真正确立起“止观双修”的佛教实践原理，构建起以“三谛圆融”和“一心三观”为核心的天台宗修行观法。

智顗：天台祖师　六玄法门

智顗法师（538—597年），又称智者大师，俗姓陈，荆州华容（今湖南潜江西南）人，本是南朝士族子弟，父母均在梁末侯景之乱时死去。智顗童年时，曾听人讲解过《普门品》而能过耳不忘，18岁出家，后来投奔于慧思门下修学禅法，经过自己的努力证悟以及慧思的耐心指导，终于领悟到“法华三昧”的境界。陈光大元年，即567年，智顗去金陵开坛讲解《法华经》，他以不同凡响的口才和学识赢得了当时广大官僚和僧众的敬佩。太建七年，率领弟子在天台山建寺庙修道场，共修头陀苦行。此后，随着智顗社会影响的与日俱增，陈宣帝下敕令，命天台山所在的始丰县全力支持寺庙的一切日常开支。陈亡后，智顗为避战乱，隐居庐山，隋开皇十一年（591年），应晋王杨广的请求为其受菩萨戒。由于智顗与隋统治者过从亲密，因此智顗在僧俗信众之中的影响力也很大，一生修建寺庙三十余所，度僧四千多人，传业弟子三十有二。

智顗大师一生著作很多，主要的有《法华玄义》《法华文句》《摩诃止观》，被称为“天台三大部”，此外还有《四教义》《净名义疏》《金光明文句》《观音义疏》等，其主要佛学思想是止观双修、一念三千、三谛圆融，而这也成为天台宗的理论基础。

“泥洹之法，入乃多途，论其急要，不出止观二法。所以然者，止乃伏结之初门，观则断惑之正要；止则爱养心识之善资，观是策发神解之妙术。止是禅定之胜因，观是智慧之由藉。”（智顗《修习止观坐禅法要》）智顗认为，在佛教的修行实践中，止观二法有如鸟之双翼，车之两轮，不可偏修，而应该在修习中做到止观并重。南北方佛教学风交相融合的一个标志。

从汉代佛教初传入中土开始直到南北朝时期，南北方的佛教流派已然逐渐形成了不同的学风：南方佛学侧重于佛学思想和佛教义理的探讨，而对具体的修行实践则相对来说比较忽视；北方正好相反，重视禅定修习，比较轻视对佛学义理和佛教经论的研习探讨。可是，从慧文、慧思传法开始，这种情况得到了一定程度的改变。慧文、慧思本是北方的禅师，因为诸种原因而来到南方传讲禅数学的修习方法，又兼钻研南方的般若学理论，开启了南北方佛学思想融

合的局面。而智顗则继承了他们的佛学思想，并且以自己深厚的佛学素养，系统地论证了止观双法不可偏废的修行准则。

一念三千的理论，出自于《摩诃止观》卷五上：“夫一心具十法界，一法界又具十法界、百法界。一界具三十种世间，百法界即具三千种世间，此三千在一念心。若无心而已，介尔有心，即具三千。”在起心动念之间，三千诸法便已同时具足。这三千诸法是指十法界（即地狱、饿鬼、畜生、阿修罗、人、天、声闻、缘觉、菩萨及佛）、百法界，每一种法界具有三十种世间，百种法界则具有三千种世间。这三千种世间，即是一切法，它们都有真如实相。

智顗说：“世界无别法，唯是一心作。”（《法华玄义》卷二上）三千世界、世出世间的一切诸法全是在自心内生起，而他所说的三谛圆融，即是空、假、中三种妙谛，圆融于一心之内，并且是同时可观得的。这种境界，正是所谓的圣者智慧，也就是佛的境地。智顗的佛学思想是在承继老师慧思的止观并重，以定生慧的基础上又做了一些发展创新的。说起智顗与慧思相遇并成为师徒的因缘，这段故事还是很有意思的。

据说当年慧思跟从慧文学习禅法，经过多年苦修，终于成为了禅定与义理并重的大师，从他开始，南北方佛教的融合初见端倪。后来，他率领弟子们来到南方，在光州暂住，智顗早就听说慧思的大名，便专程赶来跟随慧思修学佛法。慧思一见到智顗，就高兴地说：“我等了你这许多年，你怎么到今日才出现呢？既然我们师徒的缘分是早已注定的，那你何不留下来呢？”后来，慧思还经常说智顗就是以往过去生中和他在灵鹫山一起听佛陀演说《法华经》的那个人。

不但慧思这样说，智顗后来也对自己的弟子说道：“我当年一见到慧思长老，就感觉曾经在哪里见过他，我跟随他一起学法，内心每天都充满了喜悦。”

在跟随慧思修学的几年里，智顗感觉自己的内心十分澄净，没有丝毫挂碍。之前，智顗尽管读了很多经论，获得了很多佛学知识，但他始终感觉不到内心的平静，也正是如此，才使他皈依慧思座下，跟从他学习禅法，来安定自己的内心。经由这种禅定，智顗进入到一种很奇妙的境界之中。而此时，慧思

对智顗更加重视了，经常让智顗代替自己给僧众们讲说佛法，阐释佛经大义，因此智顗更受到大家的敬佩了。

某天慧思对智顗说他将要到衡山隐居修行，要智顗在修习禅定方面要多下些工夫。智顗听从了慧思的吩咐，一边弘法，一边修行禅定功夫，而他弘法的第一个地方是金陵。

江南一带的佛学倡言谈玄说理，而不怎么重视禅定修持，因此当地的僧人一听到智顗讲说禅学上的修持功夫，便都觉得很有兴趣，大家纷纷前来听讲，一时间，智顗的法席十分隆盛。

可是，江南一带也有些僧人看不惯智顗的那套理论，因此也颇多刁难，智顗越来越觉得在江南一带的弘法事业很是受阻，于是他萌生了像老师慧思那样隐居修行的想法。他对弟子们说，自己想去天台山隐居修行，谁愿意跟随他，他很欢迎，但是假如他的弟子们另有打算，他也一样不会生起懊恼。

可是金陵的大部分僧人却不想让智顗离开此地，因此便纷纷来挽留他，甚至连皇帝都传下旨意来挽留他，并且要授予智顗很多荣耀。可是智顗心意已决，任是谁来挽留都没有用了。不过，在智顗来到天台山传法之后，仍然有很多人前来闻听教法。

智顗所处的那个时代，尽管很多当政者是信奉佛法的，可是由于连年的战乱，智顗的生活也过得极不稳定。在经历了朝代更迭之后，智顗日益感觉到自己的身体在衰老，早已不能再到处奔波了。有一天他忽然对弟子说他少年时经常梦到自己长住在了天台山，便知道自己的最后归处一定是天台山。在这之后，智顗便一病不起，他知道自己在人间已经时日无多。

隋开皇十七年十一月二十四日，智顗圆寂，在示寂之前他口诵佛号不断，杨广即位之后，钦赐智顗坐化的寺院为“国清寺”。但也有一种说法是智顗在临终前画了一幅画送给杨广，这画上是一座巍峨赫赫的寺院，他本来是打算亲自将画交给杨广的，可是当他应杨广的召请准备觐见时，已是重病缠身，还没到杨广那里便去世了。后来杨广在天台山南麓依照此画修建了寺院，这便是赫赫有名的国清寺。但不论哪种传说，都说明了当时统治者对智顗的敬重，对佛法的尊崇。

智顗大师终其一生，都为了弘传天台宗旨，法华教门而精勤辛劳，他于59岁时坐化，后天台宗弟子尊奉北齐的慧文大师为本宗初祖，南岳尊者慧思为二祖，而智顗大师则为三祖，而隋帝杨广敕赐的天台宗祖庭名为国清寺，成为以后天台宗的历代祖师都住于此的地方。

推荐阅读：

康僧会：《安般守意经序》

僧祐：《祐录·安世高传》

慧远：《法性论》《沙门不敬王者论》《三报论》

孙绰：《道贤论》《喻道论》

鸠摩罗什：《大乘大义章》

道生：《注维摩诘经》

僧肇：《肇论》

慧皎：《梁高僧传》

道宣：《续高僧传》

龙树菩萨：《大智度论》《中论》

智顗：《修习止观坐禅法要》《摩诃止观》《法华玄义》

隋唐五代

佛教作为一种外来的文化形态发展至隋唐时期，已经走过了与儒道碰撞、磨合的过程，进入到独立发展的时期。尽管在隋唐时期也曾发生过排佛、灭佛的事件，但总体上，佛教的发展步伐还是迈得很大的。佛学理论已经从汉魏六朝时期必须要附会于玄学才可发展而转变成为一种独立的文化思潮。在唐中期，更是出现了极富中国文化特色的佛教宗派——禅宗，中国佛教的八大宗派在隋唐时期都得到了不同程度的发展。这一时期的高僧大德颇多，而我们也只能选取一些较有代表性的高僧，希望能通过他们的一言一行及生平传说而得见其思想特色与佛学理论。

吉藏：三论大成　中道佛性

吉藏大师是中国三论宗的集大成者，俗姓安，本西域安息人，先祖为躲避战乱而移居到南海一带，后来又迁居到金陵。在幼年时，吉藏的父亲带他去见真谛大师，真谛大师见此男童灵气非凡，与佛门有着殊胜的因缘，便为他取名叫吉藏。

在吉藏7岁时，随法朗出家，14岁时便跟从法朗学习《百论》，19岁时即能讲此经论。自从吉藏受戒之后，道业愈加精进，声望也越来越高，尤其是陈桂阳王，十分钦慕他的学问，对他特别恭敬，常和他一起研习佛法。

陈末时期，隋兵攻打建康，社会一片混乱，到处民不聊生。吉藏和几位一同修学的出家人前往各处寺庙，到处搜集佛教文疏，并且把这些资料妥善地藏在三间堂里，直到战事结束后才整理出来。

在隋朝平定江浙地方之后，吉藏便前往会稽秦望山的嘉祥寺居住。自从他来到这里弘法利生，跟从他受学的人多达千余。后来的学者因为他所住的寺号而称他为嘉祥大师。

隋朝末年，晋王杨广在扬州设置了四个道场，邀请各地的佛教学者前来开坛弘法，吉藏由于佛学素养深厚，自然也在邀请之列。吉藏到达长安后随即被安排在日严寺，大师终日埋头整理《维摩经》著述，他的《净名玄论》就是这个时期的著作。隋炀帝的次子齐王杨暕，于大业五年（609年）请吉藏大师莅临私第，邀集长安名士共有六十余人举行辩论大会。当时有僧粲和他对论，往复四十余番，结果吉藏大获全胜，这一年，他已经是61岁的老人了。

隋朝覆亡之后，唐高祖李渊初次来到长安便召集佛教界的知名学者在虔化门下接见，而吉藏则被众僧推举为代表。此后，吉藏便长期在长安弘法传教，于唐武德六年（623年）病逝，世寿75岁，临终时写过一篇《死不怖论》，以此来表明自己一心向佛，而不畏惧无常到来。吉藏法师圆寂之后被弟子们葬在终南山至相寺的北岩。

纵观吉藏大师一生的学说演变，可以发现前后共有三次变化：最初，吉藏宗承法朗大师的学说，对三论学说和涅槃学说都有深刻的研究和领会；在后来

的弘法生涯中，吉藏继而摄取了天台宗的“法华玄义”之说，把天台宗的某些理论融进自己的学说体系之中；最后，吉藏法师将其全部精力放在对三论的阐扬上，著有《三论玄义》，树立起自己的宗要。在他以前的所谓“古三论”，有鸠摩罗什门下的僧肇、道融的“关内义”（也称作“关河旧说”），还有僧朗、僧诠、法朗三世相承的“山门义”，到了吉藏，才开始集三论教义之大成，所以，他的三论学说被世人称为“新三论”。

吉藏的新三论，实际上是将龙树、提婆的中道思想给予了中国化的表述，而在吉藏的佛学思想中，最有特色、最为突出的就是中道佛性论。

三论宗的中心理论是阐发世界万物当体性空而又无碍于缘起。世间和出世间的万有诸法，都是众多因缘和合而生，都需要一定的内外部条件才能够生起出现，正因为一切事物都是众多条件和因素聚合而成的，因此也就没有独立不变的恒常自体。这便是缘起性空的意义。缘起而成的世间事物，其存在本身就是时刻变化的，是无常的，是无我的，也是空的。三论宗强调众生应当具有不偏于性空与缘起的中道认识，如此才能产生出智慧，并通过修持，使心性由染转净，达到“无依无得”的最高精神境界。

印度佛教中观学派的奠基人龙树大师运用中观学说来阐明佛性问题，他认为一切事物都并非是恒常不变的，而是瞬息变化无常的，因而都是没有自性的，并从这一观点出发，来否定众生从本以来就有佛性的说法，只是承认众生有成佛的可能性。

三论宗的创始人吉藏大师在批判旧有的佛性思想的同时又吸收了龙树的中观理论，运用本宗“无所得”之方法论，提出了“中道佛性”的新思想。吉藏认为佛性是不可言说的，不可用世间文字言语所能表达的，因此是既非本有，也非始有。在佛性问题上，不论是持本有说（即认为人们先天具有佛性），还是持始有说（即人们的佛性并非先天所有，而是后天精进学佛，努力修持的结果），都是一种思想上的执着，都是“有所得”的，假如要以这种有所得之心来证悟佛法，获得无上的智慧，实现心灵的解脱，是根本行不通的。为了破除人们的这种执着边见，吉藏便以中道为佛性。而这种中道，便是一种离开极端、偏执的两边而形成不偏不倚的中正之道。

在《大宝积经》第112卷中写道："常是一边，无常是一边，常无常是中，无色无形，无明无知，是名中道诸法实观。我是一边，无我是一边，我无我是中，无色无形，无明无知，是名中道诸法实观。"

吉藏认为，中道理论是佛教思想的最高真理，用这种真理来破邪显正，便可开发出内在智慧。破邪就是破除一切执着妄念，显正就是显现诸法空性的实相。中道思想也便是对真俗二谛的超越，是对世界上任何两相矛盾对立的概念的超越，而这也正是吉藏所认为的一种"无所得"的人生境界，而人们只有用这种无分别的心来修行，才是证得佛果的正确途径。

吉藏法师的著述深博庞大，现存的著作有26部，已经散佚的有数十部，其中较有代表性的著作有：《三论玄义》两卷、《二谛义章》三卷、《大乘玄论》五卷、《法华玄论》十卷、《百论疏》九卷、《无量寿经义疏》一卷、《中观论疏》二十六卷、《十二门论疏》六卷等。

作为三论宗的一代宗师，吉藏终其一生都在弘扬三论宗的佛学思想，开讲三论（即《中论》《百论》《十二门论》）不下百余遍，而诸如《华严》《法华》《大智度论》《维摩》等经论也宣讲了百遍或是数十遍。

在五十余年的弘法生涯中，吉藏培养出很多佛教界的优秀人才，见于史书的就有智拔、智凯、智命等人，还有来自高丽国的慧灌，后来他到日本传弘传三论宗，被称为日本三论宗的始祖。

吉藏法师博学强识，卓有才华，而且与陈、隋、唐三代王室都有密切联系，受到三代王室的尊重和推崇，因此也就不免过于恃才傲物。他长于辩论，而生活上又十分不拘小节，不善于处理和众人的关系，因此在当时就招致了人们的一些非议。道宣对吉藏的评价是："纵达论宗，颇怀简略，御众之德，非其所长。"可见，吉藏真正卓有成果的，还是在做学问上，而并非是在待人处世方面。

法融：目前无物　无物宛然

法融禅师（593—657年），是禅宗牛头派的创始人，俗姓韦，乃润州延陵（今江苏丹阳县延陵镇）人，19岁时因诵读《大般涅槃经》而对般若真空的要旨心下有所领悟，于是便产生了出家修行、体悟正道的念头，在这之前他也曾学通经史，可是忽有一日感叹说："儒家和道家的经典尽管也包含了很多人生道理，可这并不是最为圆满究竟的人生道理，而佛教典籍，尤其是般若经典，才能引领我们在慈悲海上顺利航行，达到一个真正清净的彼岸。"

怀着这样的想法，他来到句容茅山跟随三论宗名僧炅法师剃度出家。后来又跟从大明法师钻研三论以及《华严》《大品》《大集》《维摩》和《法华》等佛教经典数年。在大明法师圆寂之后，法融遂漫游全国各地，后在盐官（即今浙江海宁县）邃法师和永嘉旷法师等处听讲各种经论，从此学识大有进步，佛学造诣有所提高。但法融觉得仅凭一知半解，还是不能参透佛法，证入实际，故而进到大山深处，终日凝心静坐，过了大约二十年的习定生活。

据传法融禅师的禅定功夫十分了得，在牛头山一带经常有恶虎毒蛇出没，伤人致死者无数，可是自从他来到此处修行之后，这些恶虎猛兽就再也没有出现过。即使有巨蟒毒蛇前来，也不能伤害到他一丝一毫，不仅如此，还经常有各种飞鸟衔来百花供养他，居住在附近的人们无不啧啧称奇。

唐贞观年间，道信禅师四处弘法讲经，某一日遥望金陵一带，发现紫气萦绕，料到必定有奇异之人在那里修行。于是就来到这里，决定探访一下。在途中，他遇到一名僧人，便问道："这里是否有修道的人呢？"这个僧人回答："出家修行的哪个不是道人呢？"道信禅师一声断喝道："哪个是道人？"这名僧人无言以对。这时另一名僧人告诉道信："在幽栖寺的石室里，有一个法融禅师，他见到有人过来从不合掌问讯，也不起身相迎，只是终日里坐禅。也许他正是您所说的道人吧！"

道信听后便径直来到幽栖寺的石室跟前，只见其中的法融禅师闭目打坐，神情十分安详。道信便问他："你在这里做什么呢？"

法融禅师仍旧闭着眼睛，说道："修行，观心。"

道信又故作惊讶地问："观的是何人？心又是何物呢？"

法融被这么一问，心里大为惊异，便起身作礼问道："敢问大德高栖何所？"这是问道信禅师在哪个寺庙参禅悟道。

道信说："我从来没有固定的居所，或住东，或住西。"

法融又问："您认识道信禅师吗？"

道信回答："为什么要问起这个人呢？"

"我仰慕道信禅师很久了，希望能有机会去拜访他，并向他求教。"

道信听后说："贫僧正是你要找的人，我到此处便是专程来找你的，请问你这里可有安身的住所吗？"

法融便带着道信禅师来到了自己的小庵，可是这四周尽是一些虎狼猛兽，道信见到后就以衣袖遮掩住自己的眼睛，装出十分害怕的样子来。法融见后，便问："难道禅师修行这么多年，还是有这个恐怖心在吗？"道信反问道："禅师所说的'这个'，到底是指什么呢？"法融听后又不言语了。道信见状便在法融平日里打坐的石头上写了一个"佛"字，法融见到后便不敢坐在上面，只是在心里十分敬畏。

道信点拨道："你参禅那么久，怎么心里还有'这个'在。"

法融禅师说的"这个"，指的是恐怖心，他认为道信禅师出家修行参禅多年见到猛兽还是流露出害怕的样子来，是一种恐怖心，是一种执着见，而道信禅师在法融打坐的石头上写了个佛字，法融就不敢坐在上面了，这不也是一种恐怖心和执着见吗？

法融不明白道信要说的是什么，便恭恭敬敬地向他顶礼，请他宣讲佛法要旨。

道信向法融开示道："一切外境，神通变化，都不能离开你的自心。一切因果，一切烦恼业障，也如同梦幻一般，不要执着。一切众生，在心性体相上本来无有分别，一切众生，和佛也没有分别。佛的心性，和我们的一样，如今你已经了悟到这个真理，和佛还有什么不同呢？只要任心自在，不起贪嗔，也不做静虑，心中坦荡无碍，不去做善事，也不做恶事，因为你的心中已经没有善恶的分别心了。"

“那么，既然心上已经一切具足，何者是佛，何者又是心呢？”法融禅师向道信禅师问道。

“离开心，就不要谈佛；而谈佛，也不能离开心。心即是佛，佛即是心啊。”道信禅师说。

“假如不能对心做染净、善恶一切有分别的观照，一旦心内生起种种境界时，又该怎么去对治它们呢？”

道信说：“诸如美丑、善恶、染净这些，无非是心的分别识所造成的，这是一种妄见，而不是实有。观心，就是要修平等观，对一切外境不做取舍，而这种平等观，正是在对诸法性空的体认之上而建立起来的。”

道信把这圆融无碍的顿悟法门传授给法融之后，就回到了黄梅双峰山，自从得到道信的开示之后，法融禅师的法席十分兴盛，各个地方的人都有前来求学问道的，而法融也因此而被尊为禅宗牛头一系的初祖。

法融禅师有《绝观论》和《心铭》两部佛学著作传世，其禅学思想主要建立在般若空观和魏晋玄学的基础之上，所以，具有明显的空宗和玄学相互融合的特色。

为了贯彻“无修而修”的证悟方法，法融极力反对任何有分别和计较的修习，法融认为任何的修习，假如带有过分的执着，都不会让人有所觉悟。所以，法融对学人说：“道不待求，道无可求，不求即是。”而《心铭》则把法融的这一参悟理念完整而系统地表现出来。正所谓“无心合道”，只有经过无修而修、不待外求的修行，才可以达到“灭尽生死，冥心入理”的人生境界，在这一理论基础上，法融进而提出了“无情成佛”“道遍无情”的观点，而“青青翠竹尽是法身，郁郁黄花无非般若”也正是牛头禅教法的典型写照。

法融禅师在《心铭》中写道：“心性不生，何须知见。本无一法，谁论熏炼。”可见人们的心性本是不动不摇，内外明澈的，而在解脱的大道上也本无特别的修行法门，而心灵解脱的法门其旨归就是发现自己灵明的自心自性。如果修学人往复追寻，那是终究不可能觉悟的，只要不假造作，但内悟自心，就会实现空寂灵明的解脱境界，正所谓“一切莫作，明寂自现”。

假如内心滞碍、充满挂牵，那么修学人无论如何参禅打坐、诵经拜佛，对

于出离生死仍然没有意义，法融禅师因此才说“一心有滞，诸法不通”。出离轮回是无需刻意努力的，一切刻意而为的修行都是一种心上的造作，不仅无法让心灵获得自在，反而还会成为解脱之路上的障碍。心性本真，又怎么是刻意造作而能得以清净呢？清净不需要修习，只需要我们反观内省，无求而得。

对于一些人抱有的守住菩提心来熄灭烦恼见的想法，法融说道：“菩提本有，不须用守。烦恼本无，不须用除。”对菩提心的守持也是一种执着，而这样的执着对于人们获得开悟所造成的阻碍会更大些。不论是菩提心还是烦恼见，都是在分别心之上而化现出来的，因此说烦恼并不比菩提心更可怕，反倒是这种菩提境界，往往会因为一心的执挂而变成心上的束缚，进而捆绑了灵明又充满活力的精神境界。烦恼本无所生，因此也不需要找办法对治它，而这种“无为无心对治”的办法，往往能够开启心灵的智慧，步入自在无恼的境界之中。

“目前无物，无物宛然。不劳智鉴，体自虚玄。”眼前不着一物，心上亦不着一物。眼前所有景象，无论做何种变化，都应看做是空无一物的，因为它们变化迅疾，无法捕捉，为何又要在心中留有印记呢？任何印记岂不都是在成佛路上的挂碍吗？空性是要体悟的，而不是用心智去辨别分析，一切事物的空性本来就是如此，再做辨别分析岂不是多此一举吗？

法融认为念头的生起和灭下，在之前之后都无所差别，硬要做出分别，那便是给心灵套上了枷锁。而心念的止熄，也没必要一定采取个什么手段，不修不求，反而还能更早地开悟些，而“念起念灭，前后无别。后念不生，前念自绝。”一向被人们认为是代表了法融牛头宗禅道特色的一句法语。

“一切莫作，一切莫执”作为法融禅师的代表性佛学思想，对后世牛头禅的发展起了十分重要的引领意义，牛头禅风就在于无心绝观，能做到“无心可守，无境可观”，便是心灵的真正解脱。

玄奘：成唯识论　说五种姓

玄奘（602—664年），为汉传佛教史上最伟大的译经师之一，与鸠摩罗什、真谛并称为中国佛教三大翻译家，世称唐三藏（因玄奘大师精通经、律、论三藏，故而有此名号），中国佛教法相唯识宗的创始人，俗姓陈，名祎，出生于河南洛阳洛州缑氏县（即今河南省偃师），于唐太宗贞观三年（629年）历尽艰险，前往天竺求取佛法，并在印度著名佛教寺院那烂陀寺随戒贤学习，随后游历天竺各地，由于其深厚博大的佛学素养和卓著的辩才，受到天竺各地人们的敬仰。在贞观十九年（645年）回到长安，从此之后开始了译经、讲学的弘法事业。主要著作为《成唯识论》，撰有《大唐西域记》。

玄奘出身于一个儒学世家，少年时期因为家中生活贫苦，便跟随长捷法师住在净土寺，在这此期间，他学习了大量佛教经纶，在11岁时就读过好多遍《妙法莲华经》和《维摩诘经》，13岁时破格获得出家的资格，20岁时在成都受戒，后来跟随景法师学习《大般涅槃经》，跟从严法师学习《摄论》。在学习之后，便能升座复讲，而且讲述得十分详尽细致，因而博得众僧人的敬佩。玄奘聪颖好学，并不满足于目下所取得的成绩，他走访大江南北，遍寻名师，在学习的过程中感到佛教各学派的学说都互有歧义，便决心去天竺，即今印度求学，在《大慈恩寺三藏法师传》中记载有玄奘法师《启高昌王表》的一段话，就谈到了他决心留学印度、求学佛法的原因，“但远人来译，音训不同，去圣时遥，义类差舛，遂使双林一味之旨，分成当、现二常；大乘不二之宗，析为南、北二道。纷纷诤论，凡数百年。率土怀疑，莫有匠决。”这里说的“常”，是指佛性。佛性之有无，它是人们先天具有，还是经过后天修成，历来是佛教中持有争议的一个话题。而在佛教传入中土之后，在佛经翻译上所使用的格义手法，也带来诸多问题，造成语义表达上的不准确性。

在唐太宗贞观三年（629年），玄奘法师从长安出发，历尽艰险到达印度。玄奘法师先是在印度佛教中心那烂陀寺跟从戒贤法师学习《瑜伽师地论》《显扬圣教论》《大毗婆娑论》等经论。在印度留学的17年中，玄奘还游历了印度各地，并在那烂陀寺讲授《摄大乘记》《唯识抉择论》，并且和各宗派的

论师进行辩论。在曲女城举行的六千人无遮辩论大会上，玄奘法师以其所著的《会宗》《制恶见》中的观点作为论题，经过18天论辩，竟无人能辩驳倒，也无人持有异议，玄奘法师因此而得到印度当地僧俗人士的一致推崇，被尊为“大乘天”和“解脱天”。贞观十九年（645年）玄奘学成回国，带回梵文经典五百二十夹，六百五十七部，在长安的弘福寺、大慈恩寺都有其译经场所。

玄奘法师在佛教史上的贡献，一是西行取经求法，加强了中印两国之间的文化交流，此外还翻译出大量经论，为佛学的研究发展起到重要作用，其所撰写的《大唐西域记》成为研究古代西域、印度等地区的政治、经济、文化、人文地理等方面的珍贵文献材料；二是他进一步发挥了戒贤的五种姓说，把世间一切众生都划分为声闻种姓、缘觉种姓、如来种姓、不定种姓和无种姓。就在佛教界倡言人人皆有佛性时，玄奘却坚持无种姓之众生（即一阐提人）没有佛性，无法修持成佛，永远不能获得解脱。

玄奘法师对于中国佛教还有一个贡献，便是进一步推动了唯识理论的发展。唯识学是大乘佛教佛学理论的三大体系之一，作为中国佛教唯识宗的创立者之一，玄奘法师不仅对中国佛教的发展作出贡献，而且关于他一路西行、取经求法的故事也激励着许多后辈出家人为了弘法利生事业而不断跋涉在修学求法的道路上。

玄奘法师西行求法所途经的地方，多是敬奉佛法、礼敬僧人之地，比如现今新疆吐鲁番一带，在唐朝时名为高昌，高昌王室素来信奉佛教，听闻大唐高僧玄奘法师取经求法必将路过此地，因此高昌王和王妃等人便一直等候着玄奘的到来。

当高昌王在夜色之中看到有几个人高举着火把，引领着一位身材高大的僧人走到他面前时，他心底深深一震，便说：“这位莫非就是大唐高僧玄奘法师吧。”

玄奘法师施礼之后回应一声“正是”，随后便被众人簇拥着，在高昌王的引领下，缓步走进宫殿。此后的几天时间里，高昌王向玄奘求法，而玄奘也被高昌王王室一族以及这里居民信奉佛教的热情所感动，于是便答应为高昌城里的僧俗信众讲经传法。玄奘法师所讲解的佛法条理明晰而又浅近易懂，玄奘

法师还特别善于用一些明显而直白的事理来说明佛法的精深大义，前来听法的人无不欢欣称悦。高昌王见此情景，便萌生了将玄奘法师留下来，在此地弘传佛法的想法。怎奈玄奘说道："我不顾惜自己的性命千里迢迢前往天竺求取佛法，为的就是能够解救天下苍生的痛苦，如今您一定要让我留在贵地，我求法的心愿不能实现，这岂不是使天下苍生无可得见解脱之日了吗？"

高昌王听完玄奘的一席话深受感动，他准备了许多物资以供玄奘西行的路上生活需要。可是玄奘却分文未收，只是说："能得遇您这样的明君奉行佛法，爱护臣民，便是贵地的一件幸事，也是陛下修来的福报啊。"

高昌王听后更是感慨万千，他一边叮嘱玄奘法师路上保重，一边又恳请他取经回来，再路过高昌城时务必多留几日，为城中百姓大讲佛法，使更多的人能得闻佛法智慧。

在取经的途中，玄奘所受到的礼遇极多极重，高昌王仅仅是那些信奉佛教的国王之一。当然，玄奘也遭遇了很多难以想象的磨难，《西游记》中所描述的那些妖魔鬼怪是吴承恩的想象，可在当时的历史条件下，要去天竺取经学法，其艰难险阻可想而知。据说玄奘每到一处，必定拜谒当地的佛教圣迹，遇到佛塔必定打扫。他的大誓愿心和慈悲心，在当时一定感动了许多当地人，历经艰难跋涉，他终于到了目的地——那烂陀寺。又经过了数年刻苦学习，玄奘终于在由戒日王操办的无遮法会上获得了印度第一高僧的美名。

学成之后的玄奘向戒日王请求回到大唐弘法利生，可是戒日王哪里肯放走这样一位难得的佛学人才呢？于是，戒日王就请玄奘法师主持了一场为期75天的布施法会。布施法会结束后，戒日王仍然没有让玄奘回国的意思，可是他又经不起玄奘的再三请求，只能下令赐给玄奘不计其数的钱财，作为他回国路上的盘缠。谁知玄奘却不要任何财物，只希望能带走一些大乘佛经，以便回国之后能够翻译佛经，弘法利生。

戒日王闻听此言之后，不仅不怒反而更加敬佩玄奘法师，他命人用大白象载着佛像、佛经以及各种供品跟随玄奘法师一道回国。听说玄奘法师即将返回大唐，印度各地的僧俗信众都来为他送行，踏上归途之后，玄奘法师更是星夜兼程，不肯稍做逗留，在越过葱岭之后，玄奘便遣人给唐朝国君太宗李世民送

去了返程书信。

贞观十九年正月，在京城郊外，无数的人们拥挤在一处，丝毫不顾冬日的寒意，这一天，西行求法的玄奘法师终于回到京城长安了！玄奘法师把从天竺带来的佛经佛像等物品用车送往弘福寺供养，京城中的百姓、僧人，乃至朝廷士人也竞相前去参拜。在佛经佛像送往弘福寺的途中，有人惊呼天上出现了瑞相：在红日周围开始出现了好多彩色云朵，而且这云朵越聚越多，颜色也越来越鲜亮，众人不断啧啧称奇，更有人喊道："玄奘法师请来法宝，这对稳固大唐江山是有好处的啊。"此言一出，更加深了老百姓及出家僧人对玄奘法师的敬重，当时发愿皈依佛门的人不可计数。

接下来便是翻译佛经的工作了，唐太宗组织了相当规模的译场，在贞观二十二年，翻译完《瑜伽师地论》一百卷后，玄奘便上表太宗，请他为翻译好的佛经作序，他这一举动也是为了借助帝王的力量弘扬佛法，太宗便欣然答应，于是就为新译诸经作了总序，即《大唐三藏圣教序》。由于有了唐太宗的支持，玄奘的译经事业进行得还算顺利，而他开创的唯识法相宗也在此时勃然兴起。玄奘法师早年经受了无数坎坷才来到天竺求取佛法，因此身体上落下的病痛始终存在。这也是他为何要夜以继日地译经、弘法、讲学的原因之一，他是担心哪一天自己支撑不住，佛教弘传事业无人能够接替。

唐高宗显庆五年初，玄奘法师开始翻译《大般若经》，一直到龙朔三年才完成，全经共600卷，在翻译完《大般若经》后，玄奘便一直感觉身体不适，长久以来的辛劳，使玄奘法师在麟德元年初染病，不久之后便圆寂了。

据玄奘的弟子们说，玄奘当时希望自己死后能往生弥勒净土，在临近圆寂的那几天里，他经常看到五彩大莲花晃耀在自己眼前，与世间的莲花相比起来，这些五彩大莲花清香四溢，沁人心脾。他预知自己在人世的时间已经不多，便把弟子们召集起来，吩咐他们在他身死之后，务必要尽自己的努力发扬唯识宗的学说，在场弟子们纷纷答应着。又过了一两天，一名僧人看到玄奘用右手支着自己的头，采取右卧的姿势，仿佛是在闭目养神，便问道："师父这是怎么了？"

"我没事，你且忙去吧，不要妨碍我的正念。"玄奘说："我即将升往弥

勒净土了。”话音刚落，他便断气了。如同那些愿力持久的高僧一样，玄奘死后多日，面色依然鲜活如同生时一般。他从一个默默无闻的小僧人，成长为影响中国佛教发展，并对中印文化交流作出卓越贡献的佛门大师，在佛教史上留下了他极富有传奇色彩的一笔。

窥基：四重二谛　五种唯识

窥基（632—682年），俗姓尉迟，字洪道，本是唐朝开国元勋尉迟敬德的侄子。窥基在17岁时出家，投于玄奘门下，28岁时参加《成唯识论》的翻译工作，他为之而作《述记》《枢要》。他得到玄奘器重，还协助玄奘翻译出《辩中边论》《唯识二十论》《异部宗轮论》等经论。窥基本人现存的著作主要有：《瑜伽论略纂》《杂集论疏》《百法论疏》《因明大疏》《大乘法苑义林章》《金刚经论会译》《法华玄赞》等。由于其著作是以佛教经典的注疏为主，因而时人称他为"百论疏主"。

相传玄奘第一次见到窥基时是在街市之上，他偶然发现一位少年神色坦然，眉目清秀而又颇具英气，一眼瞧见，便觉得这孩子似曾相识，料定他与自己很有缘分，当他四处打听之后才知道这孩子原来是尉迟家的公子。玄奘求才心切，便登门拜访，当尉迟一家问明玄奘法师的来意后，既为自家的孩子得到一代名僧的器重而得意，同时也很难割舍自己的孩子去庙里修行受苦。

不过尉迟一家还是将孩子交给了玄奘，当然，窥基本人当时是死活不同意出家修行的，并说除非玄奘能答应他三个条件，他才肯落发为僧，这三个条件就是：不戒女色，不戒荤腥，不戒饮宴。假如玄奘不同意，那么他也就不答应出家。玄奘笑着一一答应下来，还派人用了三辆车，把窥基平日里享受惯了的美食美酒美女带回了寺院。这件事在当时轰动不小，时人称窥基为"三车和尚"。可是说也奇怪，窥基跟随玄奘进了寺门，落了发之后，便不再想着任何饮食享乐欲望了。以后当有人向他说起"三车"之事的时候，窥基也只是笑笑，说他只不过是和玄奘开了个玩笑，谁知老法师就答应下来了。

在皈依佛门之后，窥基果然不负众望，他记忆力相当好，几乎能做到过目不忘，而且他颇具辩才，思维活跃，玄奘也因此而越发地喜欢他。为了能够增长见识，玄奘法师同意窥基四处访学，在不断的访学中加深对佛教义理的理解和证悟。在经过一段时间的游学生活之后，窥基深感自己所学尚浅，而他接触到的僧人越多，听闻的佛法越多，就越是惶恐，生怕自己辜负了恩师玄奘的一片苦心，在结束游学生活回到慈恩寺之后，窥基比以往更加发奋苦读，并更加

善于从实际生活中参悟佛法妙理。

窥基根据自己所学、所思，又综合《瑜伽师地论》《显扬圣教论》中所讲到的四种世俗以及《成唯识论》中所说到的四种胜义之义理，依照世俗谛、胜义谛在有无、事理、浅深、诠旨等意义上的分别，把它分为四重，其中世俗谛中的四重是指世间世俗谛、道理世俗谛、证得世俗谛和胜义世俗谛。胜义谛四重是：世间胜义谛、道理胜义谛、证得胜义谛、胜义胜义谛。

世间世俗谛是指日常生活中所见的一切事物现象都不过是一种妄想分别而显出的相状，世间之人认为它们是实有的，但其实不过只有假言名相，并无实相，因此也可以叫做“有名无实谛”。

道理世俗谛指的是五蕴、十二处、十八法界等，是依照主客观的义理而将它们区分为蕴、处、界等，而它们显现在事相上的差别十分容易得见，所以也称作是“随事差别谛”。

证得世俗谛，是说佛教中的苦集灭道四圣谛等，均是佛陀当时为了方便教化众生而安设的，阐明众生在染净、迷悟等不同境界中的因果差别，使修行人能够依照这个标准而证得佛果。

胜义世俗谛，是说二空（人空，法空）真如本是圣者的从自心内所证悟的智慧，为了能使世间众生也得到这样的智慧，便依据世俗的习惯而安立起证悟手段，不过这真如并非是作为解脱方便而安立的法门，因此便称作“假名非安立谛”。

下面再大致说一下胜义谛四重。

世间胜义谛是说五蕴、十二处、十八法界等乃是圣者后来所得智慧所缘生的，并不等同于世俗谛徒有假名而无实相，因此称为“胜义”，以说明它超越世俗谛。

道理胜义谛是指证悟了世俗谛，明了苦集灭道四谛是超越了假名安立的殊胜道理，这是一种殊胜无漏智的境界，并且超越了前面两重世俗谛。

证得胜义谛是说，依照言诠所说的人法二空真如超越了前面三重，因此称为胜义，但是此一义谛的真如仍是需要言诠的，所以又叫做“依门显实谛”。

胜义胜义谛即是说的一真法界。这是由圣者的无分别智所证悟到的义谛，已

经超越了言诠。前面义谛的二空真如，尚且是由言诠来加以说明的，而此处的胜义胜义谛，已经超越前四重世俗谛，所以叫做胜义胜义谛，也称为废诠谈旨谛。

窥基的另一个重要佛学思想便是“五种唯识”理论。在《大乘法苑义林章》中他用五种六门总摄一切经纶中的唯识。这五种唯识是：

一、境唯识，就所观之境来阐明唯识的意义。在《阿毗达磨经》中有言：“人、天、鬼、畜生四类有情，同见一河水，人之所见为河水，天之所见为庄严宝地，鱼之所见为其宅窟，而鬼之所见则是脓河猛火。各随其感，而所见不同，是故境非真实，唯识所现。”可见这种境唯识是根据不同众生的业感而生发显化的。

二、教唯识，这是指经论中所说的唯识教义，比如《华严经》之“三界唯心”，《解深密经》之“识所缘，唯识所现”，《楞严经》之“诸法皆不离心”等，这是用言诠来阐明唯识的精微大义。

三、理唯识，是指经论中所成立的唯识之理，在《唯识三十颂》中写道：“是诸识转变，分别所分别，由此彼皆无，故一切唯识。”以成立唯识之理；“彼依识所变，此能变唯三，谓异熟思量，及了别境识。”以此成立识变之理，称为理唯识。

四、行唯识，是指经论中所阐明唯识之行者。行指修行，以实际修行来对治有漏习气，以达到伏惑断障，转染成净的目的，并终成大觉佛果。修行之道，在于三慧、三学、四寻思观、四如实智及六度万行，皆行所摄，此为行唯识。

五、果唯识，是指经论中阐述佛果之妙胜境界者。此果有通有别，通则诠三乘圣果，别则显佛不共功德。经论中所说的转识成智，证得菩提与涅槃，即是行唯识修得的圣果。（参见于凌波居士所著《唯识名词白话辞典》）

以上这四重二谛与五种唯识，便是窥基全部佛学思想之要旨，可以说他才是法相唯识宗的真正创始人。在永淳元年，即682年的某天，窥基像平日一样闭目打坐，可是这一天他打坐的时间很长，过了好久也没有出定，直到他的弟子前来问讯时才发现，窥基法师已经圆寂多时了。窥基的弟子们把他葬在玄奘法师的灵塔旁边，这师徒两人对中国佛教法相宗的发展所作出的不可磨灭的贡献，将永远铭记在后世的心中。

智俨：十玄缘起　一切摄一

智俨大师（602—668年），俗姓赵，甘肃天水人氏，父亲是当时的录事参军官。据说智俨大师童年时期就灵性非常，又聪敏好学，颇得家人喜欢。智俨12岁时的某天，杜顺长老来到他家，请求智俨的父母让他跟随自己出家学佛，赵氏夫妇自然欣喜异常，连声答应下来。杜顺长老先是把智俨交给自己的弟子，命弟子好生给予教诲，后来待智俨年龄稍长，便又命他跟随印度来华的僧人学习梵语，14岁正式出家为沙弥。

智俨少年时代正值隋末兵乱，他在北方跟从摄论师法常研学《摄大乘论》，不到几年就能做到洞解文义，而且还颇有自己的心得创见。智俨在研习佛学上所表现出的才华，使其身边的僧人都十分赞叹。

20岁时智俨受具足戒，不久之后就开始了到处参学、四处游访的生活。不论各种经律论，智俨都有所听闻，并精深研读。在有了一定的知识储备量之后，智俨又跟从当时著名的僧人慧琳法师学习，可是他又觉得佛教经典与宗派甚多，而人的生命又很有限，假如都去学习恐怕只能做到博而不精，空是浪费了此生光阴，因此便于藏经楼中发誓，任凭随意抽取经藏，抽到哪本便一心研习。智俨随手抽取见是《华严经》第一卷，自此以后便专心学习《华严经》。

其时正值智正法师开讲《华严经》，智俨便特地前去听讲。可是在经过了一年的学习之后，智俨还是觉得自己有很多内容不太明白，心中的疑惑也越来越多，于是更加勤奋地阅览经典，并不时地向人求教。在详细地研读了北魏僧人慧光所作之《华严经疏》后，智俨心中似有一些领悟，之后为了能够更精深地钻研华严义法，智俨又开始了华严六相义的研究。他把自己的从学心得写在《华严经搜玄记》一书中，这时的智俨还不到30岁。

智俨法师最为代表性的佛学观点是“十玄缘起说”。他受到华严六相义的启示，又根据《华严经》中缘起法相的说法而悟得了“十玄法门”。

华严宗的六相分别是：总相、别相、同相、异相、成相、坏相。云华智俨从这六相上体会到华严法界的缘起相状其实也不过是这六个方面，因此，这

六相可以用来解释世间一切的缘起现象。智俨用理事（即体用、性相）并举来说明他的理论，在《华严一乘十玄门》（杜顺和尚讲，智俨撰）中的 “十玄门”，其次序是这样的：“一者同时具足相应门、二者因陀罗网境界门、三者秘密隐显俱成门、四者微细相容安立门、五者十世隔法异成门、六者诸藏纯杂具德门、七者一多相容不同门、八者诸法相即自在门、九者唯心回转善成门、十者托事显法生解门。”

世出世间的各种法门，便都包含在这十玄之中，它们彼此相互关联、相互摄入、相互圆融，这种彼此相融相即、无碍包含的关系，就如同是一滴水就已具备了百川之滋味。这是一种重重无尽缘起的关系，正是你中有我、我中有你，而这一切又是由清净本心跟随各种不同的条件（即外缘）而生起的。

下面大概地解释一下“十玄门”的内容和含义。

第一，同时具足相应门。佛法是一个整体，尽管由于证悟方式或对某一种佛学思想的不同见解而分为许多不同宗派、法门，但它们都是彼此相应，相即相入的，彼中有此、此中含彼，终究也是同归于佛教之中。

第二，因陀罗网境界门。在古印度的传说中，帝释天宫殿里有一种使用宝珠串结成的网，这一颗颗宝珠的光芒互相映照，互相含摄，而“因陀罗网”作为一种譬喻，是说明在世出世间，也有无数的网状物，每张网上都垂挂着宝珠，每一颗宝珠都相互映照，在一珠之中顿现其他宝珠的华彩，它们相摄相映，重重无尽。“因陀罗网”的譬喻是说一切法都是互为条件而又互相摄入，它们不是独立的个体，而圆融为一的整体。

第三，秘密隐显俱成门。佛教之中，各种法门，或秘密含隐，或是明白外现。如是一中有多，那么一为显而多为隐，在显化之中寻求隐秘的法门；如是多中含一，那么就是多为显而一为隐，比如百千外境，也总会找到百千种外境背后的本体。一即一切，一切即一，或隐或显，而只有当隐显互融、同时具备时，才能成就佛果。

第四，微细相容安立门。世出世间一切法的大小相状，均是无碍自在而相融的。在一微尘之中，同时就可顿显一切法，而这一切法，又可以在一念之中圆满俱足。

第五，十世隔法异成门。世，即是指过去、现在、未来这三世。在这三世之中，又各自包含有过去、现在、未来，如此便成了九世。此九世，本事当人们一念心起时所成就的，因此说，这九世与这当下的一念便合称为十世。这十世，相即相入的同时，却又不失却三世的自相，时间上的先后次序均是同时显现，一切法门便都存在于这十世之中。

第六，诸藏纯杂具德门。在一行之中具足万行，则成为“杂”，而在万行会归为一行之后，称之为“纯”。纯、杂之间，相互摄入，不相妨碍，名为具德。

第七，一多相容不同门。一入多，多入一，名为相容；体无行铂而不失一多之相，称为不同。因为诸法都是以真如为理体，故能相容无碍而又不失自相，即各种法门虽然有一鑫之别，但是都能互相包容。

第八，诸法相即自在门。诸法缘起，又相即相入，这便是一种无碍圆融，处处自在的境界。

第九，唯心回转善成门。诸法皆依如来藏自性清净心而得建立，一切功德，本来具足。

第十，托事显法生解门。世出世间，每一件事便都彰显着一切事法，而这些事法又皆互为缘起。浅近的事法也显示着深妙的道理，而这些事所显之理又是圆融自在，毫无差别的。

对于法界中的任何一法，都可以从这十个方面去观察它们与真如（最高真理）的关系，通过这种观照而达到事事无碍，周遍圆融的目的。

华严宗的实际创宗人法藏法师，也提出了十玄的理论，法藏的“十玄”说与智俨的“十玄”说在名称与次序上稍微有些不同，而基本内容则是一致的，后世为了区别，就称智俨所立为“古十玄”，法藏所立为“新十玄”。

智俨大师被后人誉为是“华严二祖”，他门下弟子众多，比较著名的是薄尘、法藏、慧晓、怀齐、义湘、道成等人，传承其华严学说并加以发扬的是法藏。

唐高宗显庆四年，智俨在云华寺登座为僧众们讲说《华严经》，由此开始大振华严宗风，其名望遍及国内，上至王宫贵胄、下至黎民百姓，无人不景

仰，无人不归信。此后的某一夜，智俨忽然梦见一座庙塔倾塌，他醒来之后对弟子说已知道自己和这尘世的因缘结束了，并对门人说："如今我将往西方去了。"在这之后不到一个月，智俨法师便辞世了，终年66岁。

弘忍：心法为宗　一心三昧

弘忍法师（601—674年）东山法门开创者，被尊为禅门五祖，俗姓周，家住淮左浔阳。据说他出生之后，光照一室，即使是在夜晚，屋子里也如同白天那样光亮。而他不仅目光炯炯，烁烁明亮，而且身上更有一种奇异的香气，这种种异象使得一家人都惊骇不已。幼年时期的弘忍聪慧灵敏，在7岁时被禅宗四祖道信遇到，道信一见便赞叹道："这个孩子并非是凡俗之辈，将来必定可以成为弘法利生事业中的主力。"

在征求弘忍父母是否同意弘忍出家之后，他就成为了道信的弟子，跟随道心一起来到破头山道场。13岁时，弘忍正式剃度为沙弥，他天生勤劳，不畏辛苦，白天随众位师兄一起劳作，晚上习禅悟道。他的根器在众人之上，道信知他日后必能成为佛门龙象，便对他十分留意，并把自己的道法传给了弘忍。道信圆寂后，弘忍便领其衣钵，带领僧众共同修习。

由于弘忍颇有禅名，于是前来求法的人便日益增多，弘忍又另外开辟了新的道场，命名为东山寺，东山法门由此而兴起。

弘忍的禅道十分注重用心体悟，他继承了道信在禅悟中对"一行三昧"的修持方法，并认为对于要通过这种修持方法来体证自心，最好不要脱离现实生活。与以往修行禅道的生活方式不同，在道信、弘忍时代，习禅的学僧们都是集中生活，大家共同劳作，一起参禅悟道，并且都倡言把禅道寓于日常生活之中，譬如每日的砍柴、挑水，都是一种修行。而且道信、弘忍还强调，习禅悟道之人，理应远离世事尘嚣，每日白天耕作劳动，晚上参究禅法。这种生活方式对以后的马祖道一和百丈怀海创制禅门清规，提倡农禅并重，起着深远的影响。

弘忍禅师的佛学思想，主要体现在他的著作《最上乘论》中。他认为，世间众生皆有佛性，人人皆可成佛。"众生身中都有金刚佛性，犹如日轮，体明圆满，广大无边。""众生心本来清静，不生不灭，无有分别，自性圆满，清静之心，此是本师"。可见，从达摩初祖所弘传的禅法传到弘忍这里，都是强调要人们体认心灵的妙用，强调修学之人应该先去证悟那众生本具的金刚佛性，而这种金刚佛性才是众生成佛的根本，此佛性圆满坚固，清净光明，体悟

它才是众生获得解脱的唯一途径。

“不识本心，学法无益”，也是弘忍禅师的一个突出的禅学思想。在惠能的《坛经》中，记叙了弘忍大师开示惠能的一段话：“祖知悟本性，谓惠能曰：‘不识本性，学法无益，若识自本心，见自本性，即名丈夫、天人师、佛。’”可见，如何才能识得本心，这是弘忍大师教修学之人契入禅道之要门，这也是弘忍大师禅学思想的核心。

弘忍经常对学禅之人说：“若识心者，守之则到彼岸，迷心者，弃之则堕三途。欲知法要，守心第一。此守心者，乃是涅盘之根本，入道之要门，十二部经之宗，三世诸佛之祖。若有一人不守真心得成佛者，无有是处。”识心、体认心，并且还要守护好心性的清净光明，即无有染著的“真心”，如此才可成佛。

弘忍法师还提倡顿悟顿修，这从惠能大师的《坛经·行由品》中也可以看出。在这一品里，有一段弘忍大师开示神秀的谈话：“（弘忍说）汝作此偈语，为见本性，只到门外，未入门内，如此见解寻觅无上菩提，了不可得。无上菩提，须得言下识自本心，见自本性，不生不灭，于一切时中，念念自见，万法无滞，一真一切真，万境自如如，如如之心，即是真实。若如是见，即是无上菩提之自性也。”可见，弘忍大师对于神秀的渐悟修行方法是持一种否定态度的。

在弘忍看来，所谓的参禅悟道，并不是要人们脱离实际生活，他提出，平时的行住坐卧，运水搬柴等一切劳作，都是禅的修行，都是在当下的生命中体悟着禅意。这种禅学思想的提出，对后世禅宗的发展有着深远意义，推动了后世禅学向着大众化、生活化的方向发展，而这也正是禅宗所具有的独特魅力。正是这种特点，才使得禅宗更加贴近大众生活，几百年来一直延续不断。

在弘忍禅师弘传禅宗的数十年来，他度人无数，而且还对禅宗以后农禅结合的发展方向起到了规定性作用。在唐咸亨五年，即674年，某日，弘忍大师忽对身边的僧众说道：“我如今要做的事情都已经做完了，现在也该是我离开人世的时候了。”说完就回到自己的禅房，安坐而逝，世寿73岁。

神秀：坐禅习定　住心看净

神秀禅师（606—706年），俗姓李，开封人，为禅宗北派的创始人。年少时即出家，投于弘忍门下，初为七百僧众之首，弘忍圆寂后，神秀率弟子居住在荆州的玉泉寺，大弘禅法，使其声名远播，武后听闻其高名，崇敬有加，请其来到长安传法并在内道场供奉。唐中宗对神秀更是推重，当时有“两京法生”“三帝国师”之说法。

神秀早年便博览经史，凡过目之书几近可能成诵。隋朝末年，王世充起兵，使得河南一带饥荒遍野、民不聊生，此时神秀来到荥阳，得遇一位善知识，听其讲述佛法之后，便决心随其出家。

唐武德八年，在洛阳天宫寺受具足戒，从此开始研读三乘经论，年岁甚长之后（据说神秀50岁时始见到弘忍，并跟随其学禅），听说弘忍法师讲说禅法，便不远万里、翻山越岭来到黄梅县双峰东山寺拜谒五祖弘忍禅师。在相见之后，神秀大为尊崇，为了能够听闻其禅法，开始时便在寺中做些挑水砍柴这样的粗活，后来其才德受到弘忍器重，一时间便被其他僧人认为是弘忍的衣钵传人。有一天，弘忍命令门弟子每人各作一首佛偈来说明自己所思所悟，以此来决定继承衣钵之人。神秀作了一偈，道：“身是菩提树，心如明镜台。时时勤拂拭，莫使惹尘埃。”弘忍见此偈后，大为称赞，但是又说依此来修行虽然也能获得修行上的利益，但终不见他自悟本性，因此把衣钵传给了惠能。

神秀的嗣法弟子有19人，在他圆寂之后，嵩山普寂（651—739年）、西京义福（658—736年），又继续带领众门人修学悟道，依然受到宫廷的崇敬，其被崇敬的程度不下于神秀，普寂的弟子道璇还把北宗禅传到了日本。

据《景德传灯录》卷四所记载，神秀在开示参禅学人时曾说道：“一切佛法，自心本有；将心外求，舍父逃走。”他主张通过坐禅习定的修行方式、以住心看净的观行方便来达到悟见心性的解脱境界。神秀继承了道信、弘忍以心为宗的禅法，奉《楞伽经》为悟心法要，同时也注重《般若》，由此而提倡一行三昧。神秀早年曾研读过各种经论，为了能使更多众生得到解脱，神秀扩大

了方便法门，相传神秀门下有五种方便：一、总彰佛体门，也称离念门，根据《大乘起信论》中所说的“心体离念”而设立；二、开智慧门，亦为不动门，依照《法华经》中所说的开示悟入佛之知见；三、显不思议解脱门，依据《维摩经》中的“无思无想”为解脱；四、明诸法正性门，依照《思益经》说心不起离自性为正性；五、见不异门，依据《华严经》说见诸法无异，自然无碍解脱。

神秀的禅法主要是通过常坐不卧的禅定来做到熄灭妄想，收摄一心来达至一种清净佛境。从神秀的那首人人知晓的佛偈“身似菩提树，心如明镜台。时时勤拂拭，勿使惹尘埃”中，亦能看出神秀的禅学思想。神秀把人身看成菩提树，把人之心看做是一块明亮的镜台，人们要时刻勤劳拂拭它，不使它沾染上一点尘埃。神秀的意思便是人们要在修行中勤于拂拭心灵上的污垢，也即是清除各种杂念妄想和贪欲，如此才能使心性保持明亮清净。神秀所主张的渐修方法，继承的是传统的禅法思想。他认为从凡夫到佛，这种解脱必须有一个次第和过程。在《大集经》中有云：“一切众生心性本净，性本净者，烦恼诸结不能染著，犹如虚空，不可沾污。”因此神秀才在佛偈中强调要“时时勤拂拭”，不要让自己清净的心性被尘埃（各种烦恼妄想杂念）所染污。

神秀虽然承认人人本具佛性，可以成佛，但是他却不敢把人心等同于佛，缺少一种对自心的肯定，也缺少直下承担的勇气。所以五祖弘忍才说神秀是“未见本性，只到门外，未入门内”。弘忍认为，若是依照神秀的这种禅法来修习，倒是不会堕落三恶道，给自己增添福报，对于修行也有大利益，可是终不能得见自心本性。

从神秀门人的说法中，我们也可得见神秀禅的思想特点，比如其门人张说在谈到神秀的禅法时写道：“开法大略，则忘念以息想，极力以摄心。其入也品均凡圣；其到也行无先后。趣定之前，万缘皆闭；发慧之后，一切皆如。”（见张说撰《大通禅师碑》）这便是对神秀禅风的一个总结，忘念息想，极力摄心，是神秀劝导学人能够达到佛的境界，实现心灵解脱的一个主要修持手段。

神秀在其生前身后，其禅风得到朝廷的支持以及弟子们的大力阐扬，因

而盛极一时，有“两京之间皆宗神秀”的说法。尽管神秀这一系的法脉传承较短，但神秀对于禅宗的发展还是有推动作用的，史传神秀的代表性著作只有两部：《大乘五方便》和《观心论》，可惜已经是残本不全，对神秀禅学思想的了解，只能通过其门人弟子的文章或公案来获得了。

惠能：指直人心　见性成佛

禅宗六祖惠能禅师（638—713年），俗姓卢，新州（今广东新兴）人。他本来是一名目不识丁的樵夫，只能靠着每日砍柴来供养母亲，聊以度日。某一日在听闻别人诵念《金刚经》之后心下有所领悟，因此来到黄梅弘忍门下，开始时只能充当一名伙头僧。最初，惠能并不受到重视，甚至还因为自己没有文化知识而备受歧视。后来因作了一首“得法偈”，惠能受到弘忍的欣赏，在得到弘忍的衣钵后，隐居在广东深山之中长达15年。

惠能禅师虽然被后世所尊奉，但是他求学禅法的经历却是十分坎坷的。

在唐高宗龙塑元年的某天，黄梅县的东山寺一如往日那样，弘忍法师在钟磬声中升座开讲禅法，前来闻听其教法者颇多，弘忍大师宣讲禅法，为人指点迷津，可是谁也不知道什么时候在堂下来了一个小个子的年轻人。尽管大家都没有注意到这个人，可是弘忍却一眼看到这个面皮黝黑、衣着褴褛的年轻人。弘忍指着他问道：“你从哪里来？”

“我从岭南来。”这个年轻人抬头答道。可是，他身边的那些寺僧却都笑起来。那时的岭南被中原人认为是蛮荒之地，那里的风俗很落后，而生产也不先进。因此这个小个子青年才被那些寺僧笑话。

可是弘忍却想，这人能跋山涉水前来修学佛法，其发心也是难得的了，因此就问：“你到我这里来，所为何事呢？”

“我来这里是为了作佛的。”这名年轻人话音未落，他身边的寺僧便又是一阵笑声。弘忍听后又觉得好笑，又不满于这个年轻人的狂妄，“在我这里参禅打坐，能明悟自己的心性就很不错了，而你还想作佛。看你这无知无识的样子，如何能做佛？”

“老禅师话虽这样说，但我却觉得，人有南北的区分，可是佛性却没有南北区分；人有高下之别，可佛性却没有高下之别。”这个年轻人态度恭敬，但语气却很坚定。

弘忍听后含笑点头，觉得眼前这个年轻人还是很有慧根的，若能悉心栽培，定能成为佛门龙象，可是他仍然不耐烦地说：“你这话说得很好听，可

是，你都能做些什么呢？”

“我不认识字，以前我是靠砍柴来维持生活的，我只会做些粗活。”

“好吧，那你就去做些粗活吧。”弘忍如此吩咐道，他想看看，这个年轻人是否能够忍受寺院里的这种劳苦生活，他给这个年轻人起法号“惠能”。

一连几个月，惠能每天除了做各种粗活，偶尔得空时也来禅房外面听弘忍说法，可是寺内众僧都不把他放在眼里，就连他作的那首被后人所广为熟知的佛偈“菩提本无树，明镜亦无台。本来无一物，何处惹尘埃”，也是由寺内一名小和尚代为书写的——因为惠能不识字也不会写字。

当时惠能作出那佛偈之后，还被寺内一些僧人讥讽，可是这首佛偈却得到了弘忍的赞赏。弘忍见了惠能作的那首佛偈之后，便悄悄来到磨坊，惠能一边劳动，一边哼唱着小曲。弘忍见状不由地感叹着：“这可真是见性成佛，处处自在啊！”说完便用手杖在石磨上敲击了三下。当晚三更时分，惠能来到弘忍的禅房中，弘忍的脸上依然没有丝毫表情，但是却交给惠能一件十分贵重的东西——初祖达摩来华传法所带来的法衣，这也是禅门的传法凭信。

“在我禅门，开悟即是以心传心，如今我把衣钵传给你，你连夜就走吧！”弘忍如此告诉惠能。

“师父，我能去哪里呢？”惠能困惑地问。

“从哪里来，到哪里去。”弘忍随即把惠能送到江边，惠能说：“您是老师，我是学生，怎么能让您来送我呢？”

“我是你师父，自然应该我度你。”弘忍说。

“我自心迷时，应该是您度我；我内心觉时，自然是我自己度自己了。”惠能答道。

在惠能南下之后，收的第一个弟子是慧明。

慧明本来打算追上惠能抢夺他的法衣，可是他追上惠能之后，却看到惠能在一块山石上打坐，法衣就摆放在身边的一块石头上。慧明心下大喜，可是又不敢伸手去动那件法衣，他望着法衣，又喜欢又害怕，竟然顿时感到心中痛苦无比，便对着惠能礼拜道：“我来找师父，起初是为了法衣而来，可我现在这心头竟然十分沉重起来，恳求师父慈悲我，为我说法，解救我心中的痛苦吧！”

惠能告诉他："不思善，不思恶，此时此刻便是你的真实面目。"

"看来我真的是白白过了如许多年，如今蒙受恩师教诲方才能明白这个道理，顿悟到自己的本来佛性。"慧明又再次向惠能顶礼。

惠能脱身之后来到了广州的法性寺，该寺的住持印宗法师正在给僧众讲解《涅槃经》，这时吹来一阵清风，寺庙前悬挂的经幡被风吹动着，有僧人说："风吹而幡动。"另一个僧人却说："不对，经幡没有动，动的是风。"

这时惠能从听经的人丛中起身说道："非是风动，非是幡动，而是仁者的心在动。"

印宗听后觉得此人不同凡俗，便请进来说要和他切磋问题。印宗法师故意说了几个玄奥的问题，以此来试探惠能，可惠能都能做出清楚又易懂的解答，印宗听后更是赞叹不已，便详细地追问起惠能出家的缘由，惠能也一一作了回答，最后惠能告诉印宗自己的观修心得："学法修行，唯在洞见自性，只要见性，即可成佛。"惠能倡言其禅法要人们抛开烦琐的戒律，只需要在内心领悟自己本然之心性就可以顿时成佛。

惠能所开创的南禅一系，强调单刀直入的悟证手段，抛开各种名相的束缚，要在一念当下体认自己的本真心性，否定一切权威，提倡个人自修自证自悟的能力，这种禅法给人一种简便直接、耳目一新的感觉，而且没有那么多难懂的义理和经文，因而也格外受到当时社会各层次人们的欢迎。

惠能所提出的修行实践是"先立无念为宗，无相为本体，无住为本。……念念之中，不思前境。若前念、今念、后念，念念相续不断，名为系缚；于诸法上，念念不住，即无缚也""于诸境上，心不染曰无念；于自念上，常离诸境，不于境上生心"（参见《坛经·定慧品》）。可知，惠能主张的最好的解脱手段就是"无念"，而且还是"无思无念"的顿悟，不要对外境有任何地挂牵。把外境融入于自心，破除内与外、主观与客观的对立和观待，就是无上的觉悟了，就可即生成佛。

佛法本在世间，不能到世间外去寻求解脱，因此惠能也提倡解脱不离世间，这其中所融入的是积极入世的情怀和明白显达的教理。开悟本来就在我们的日常生活和人生经验之中，比如吃饭、饮水，或各种日常事务，都是帮助我

们明心见性的手段。生活就是道场，既然觉悟就是要明见自己的本来面目，即自心自性，那么具体如何修行，自然应该不做刻意安排。因此惠能认为，只要识得本心、反观自省，就可当下一念解脱。假如不能体悟这原本清净的本心，则再多学法、多坐禅，对于开悟也是于事无补。所以说“不识本心，学法无益；若识自本心，见自本性，即名丈夫、天人师、佛”。（参见《坛经·行由品》）

同时，惠能也十分注重道德层面上的善，认为这种对“善”的体认，也是修行过程中不可缺少的重要部分。惠能在对门人进行关于佛性的开示时就指出：“自心皈依自性，是皈依真佛”，而“皈依自性”就是要“除却自性中不善心、嫉妒心、谄曲心、吾我心、诳妄心、轻人心、慢他心、邪见心、贡高心及一切时中不善之行”。（见《坛经·忏悔品》）可见惠能所说的佛性，也是指的道德层面上的“善”，提出真佛即是善、善根即佛性，更指明“因一念善，智慧即生”。迷惑的人不明白这个道理，所以不能省觉，还在恶道中辗转轮回。

惠能之禅，以“直指人心，见性成佛”为其根本宗旨，而以“无念无宗，无相无体，无住为本”作为其修行原则，这种对于心体的当下体认，对于人格独立性的阐扬，对于此后禅宗的发展起到了十分深远的作用。

怀让：心无所生　法无能住

南岳怀让禅师（677—744年），俗姓杜，陕西人，青年时代曾来到嵩岳，向慧安禅师求学禅法，不久之后又前往广东拜谒六祖惠能禅师，在刚刚和惠能禅师见面时，六祖惠能问怀让："从哪里来？"怀让答道："弟子从嵩山慧安法师那里来。"惠能又问："什么东西到这里来？"怀让却不知如何作答。之后，怀让便过着一边劳作，一边参学的生活，直到31岁时，他才似乎有了些觉悟，向六祖惠能说："某甲有个会处。"惠能问："怎样呢？"怀让道："说是一物即不对。"惠能又问："可需要修证吗？""修证则不无，无染即不能。"惠能点头说道："这个东西不无染，是诸佛所护念，你已如是，我亦如是。"说完就对怀让给予了印可。

惠能对怀让所说的"这个东西"，就是每个人本来具有的清净佛性，清净佛性是众生解脱成佛的根本依据，也是诸佛所护念的宝贵灵性。怀让在跟随惠能学法的那些年，渐渐悟得了心性不能受名相束缚、一念悟性便是成佛的道理。怀让得到惠能的印可之后，便开始了他传法度生的事业。

在禅学史上赫赫有名的马祖道一就是怀让禅师的高徒。据说在马祖道一年轻时，曾经向南岳怀让禅师请示问："弟子怎样用心才能契合无相三昧的境界呢？"

怀让禅师告诉他："想学心地法门，就要体悟无相三昧，这便如同播种，而我所传的佛法就好比是下雨：只有在播种又下雨之后，待到因缘际遇，则必有一天能够明心见道。"

马祖道一又进一步问："您所说的见道，那究竟什么才是道呢？依我看来，道是无形无相的，我们岂能见那无形无相的道呢?"

怀让禅师又说道："用你心中的法眼就能见道。道本来就是无相三昧，而无相三昧也是从心地法门自见其道的。"

怀让禅师担心道一还不明白，又补充说："若你的心能契合于道，便是一种无始无终、不成不坏、不聚不散、不长不短、不静不乱、不急不缓的境界，在这样的境界中，你就能够体会出道是什么了。"

南岳怀让告诉马祖道一，道是无处不在、无处不遍的。那么学人应该如何明白道呢？只有明白了自己的常住真心，即是见道，而最主要的，还是应当从禅心中去体会道。

关于“无相三昧”的说法，在《坛经》中即有记述：“若欲成就种智，须达一相三昧，一行三昧。若于一切处而不住相，于彼相中不生憎爱，亦无取舍，不念利益成坏等事，安闲恬静，虚融澹泊，此名一相三昧。若于一切处，行住坐卧，纯一直心，不动道场，真成净土，此名一行三昧。”

六祖惠能在《坛经》中开示众生“二种三昧”，即“于一切处而不住相”的一相三昧和“一切处行住坐卧纯一直心不动道场” 的一行三昧，如若众生能够具备这“二种三昧”，就好比大地上播种的种子一样，只要遇到甘霖便可生根发芽。怀让禅师在继承六祖惠能禅学思想的基础上，用三解脱门之一的无相三昧代替了“一行三昧”“一相三昧”，此无相三昧又称无相门，是说明了一切法空，而后通达诸法无相之义，这样便是离差别相而得自在解脱的境界了。

根据《景德传灯录》卷五记载，怀让禅师尝对其门下弟子云：“一切法皆从心生，心无所生，法无能住。若达心地，所作无碍，非遇上根，宜慎辞哉。”从中可见，南岳怀让禅师的禅法修行是有一个阶次的，先是要体认到万法从心而生，而后才是心无所生、法无能住，最后才是一种心地无所挂碍的境地。

无论是从怀让启发马祖道一的公案，还是从《景德传灯录》的记载，我们大致可以看出南岳怀让的禅法特点。

南岳怀让并不认为通过坐禅、壁观等修行方式就能达到明心见性的成佛境界。对于心性的观悟，是不需要任何外在形式的束缚的。既然禅非坐卧，那么佛也便是非相的了。因此，怀让禅师倡导门人在生活中体证佛法，证悟心性，而不是仅仅在禅坐当中，一旦认为禅坐即是作佛，便是落在了名相的系缚之中，身心不能自在，又如何说是成佛呢？

怀让把心性的开悟解脱比喻成播种，在内外因缘具足的情况下，就会自然而然地体悟佛法之真谛、证悟到心性之光明清净，所以，成佛是一个自然而然的过程，丝毫不能有所勉强或刻意造作。

怀让禅师还对门人开示道，如要成佛，就要不落两边的执着，即是“无始无终、不成不坏、不聚不散、不长不短、不静不乱、不急不缓”。看来，在怀让禅师这里也能见到中道观的些许痕迹。这种无形无象，不受任何时间和空间限制的心性，自然也不能在任何执着和分别中所体证到。

“心地含诸种，遇泽悉皆萌。三昧华无相，何坏复何成。”这是南岳怀让禅师在临终时的传法偈。怀让禅师所传之禅法向来以灵活洒脱、任运自如为特点，并且反复强调生活与禅悟之须臾不离，相互结合。怀让禅师生前就在当时社会有着重要的影响，在他圆寂之后，湖南衡岳一带的民众于每年怀让禅师的忌辰当天， 自发组织起来，形成具有浓郁地方特色的节日活动，称为观音忌（因怀让禅师在南岳般若寺观音台弘法传教），《宋高僧传》中就载道：“至八载，衡阳大守令狐权问让前迹。权舍衣财，以充忌斋。自此每岁八月，为观音忌焉。”从中我们也可得见南岳怀让对禅宗发展的重要贡献，以及他广泛而深远的影响力。

神会：无念之禅　定慧等同

神会禅师（668—760年），唐代禅宗大师，荷泽宗开创人。俗姓高，湖北襄阳人。自幼学习儒道以及诸种史书，当读到《后汉书》时方才知道佛教之言说，心中很是向往，从此便立志出家修行，而不以仕途为进。稍年长后，神会来到国昌寺随颢元出家，由于小时候受到过良好的教育，因此学习起经文来比其他人理解得更快、更透彻。

神会13岁时前去参谒六祖惠能，得到惠能的垂青，成为其晚期最得意的弟子。在惠能圆寂之后，神会游学四方，遍参名师，其佛学上的才华更加显露出来。开元八年，奉旨来到南阳龙兴寺，开始大力阐扬惠能的禅法，他的禅学思想与惠能的思想是一致的。今存《神会语录》一卷，我们可以从此语录中了解到神会禅师的禅学思想和修行理念。

神会主张对佛性的正确理解应该是直了见性，不加方便，他强调的是般若慧，即由善知识开示，发菩提心，对般若空性切实体悟，“一念相应，便成正觉”，要在内心领悟上实现飞跃，从而进入到一种空寂灵明的精神境界之中。

在谈到佛性问题时，神会说：“佛性体常故，非是生灭法。”（见《神会语录》）因此佛性不断三世。在神会看来佛性与因缘而生、待缘而起的事物或现象是不一样的，佛性是不生不灭、恒常存在的，而他所谓的“无佛性”，只不过是因为众生被烦恼遮盖了自心本性，因而不能得见佛性。烦恼与佛性不同的是，烦恼是生灭法，而佛性不是。

在谈到“佛性与烦恼既俱，何故独断烦恼非本”这一问题时，神会解释道：“比如金之与矿，俱时而生，得遇金师矿冶烹炼，金之与矿，当各自别。金即百炼百精，矿若再炼，变成灰土。《涅槃经》云：金者喻于佛性，矿者喻于烦恼。诸大乘经论，具明烦恼为客尘，所以不得称之为本。若以烦恼为本，烦恼为是暗，如何得明？《涅槃经》只言以明破暗，不言以暗破得明。若暗破明，即应经论共传。经论既无，此法从何而立？若以烦恼为本，不应断烦恼而求涅槃。”（参见《神会禅师语录》）

黄金与矿石，本是一体同生的，可是，黄金经过千番锤炼，仍是黄金，而

且是越炼越精；但矿石呢，在烧炼之后便成了灰土。黄金就好比是佛性，石矿就是烦恼，各种大乘经论都说烦恼是客尘，烦恼是暗，佛性是明，大乘经论上从来都说要以明来破暗。

那么，为何众生不断烦恼也能够趣入涅槃境界呢？神会说："《涅槃经》云：一切众生，本来涅槃。无漏智性，本来具足。无漏智生，本自具足。" 正因为一切众生本来就具足无漏智慧，本有佛性，所以即便烦恼不断，也不妨碍成佛。因为在《涅槃经》中说："木者喻若烦恼，火者喻如佛性。"智慧之火能够烧尽烦恼，从而得到涅槃解脱。

可是，既然佛性本有，那么为何我们不能得见呢？为什么还要借助于各种内因外缘呢？神会认为："犹如地下有水，若不施功掘凿，终不能得。亦如摩尼之宝，若不磨治，治当作治。终不明净，以不明净故，谓言非宝。《涅槃经》云：一切众生，不因诸佛菩萨善知识方便指授，终不能得。若自见者，无有是处。以不见故，谓言本无佛性。佛性者，非本无今有也。"

好比地下水，如果不用力挖掘，是不会涌出地面的；又好比摩尼宝珠，尽管光洁明艳，可是假如不经过磨炼，也不会得到光明洁净的效果的。《涅槃经》上说，一切众生，假如不经过诸佛菩萨等大善知识的方便指教，最终也不会体认到自已本有之光明清净的心性，即佛性。所以，众生虽然被各种烦恼妄想缠缚心灵而不得解脱，但只要得到善知识的开示，便能顿时舍下诸种烦恼，而达到一种解脱的心灵状态。这就好比姜太公，原本是一介平民，而一朝得到帝王重用，其身份地位便立马与以往大不相同。

神会提出"内传法契，以印证心；外传袈裟，以定宗旨"，这也成为此后禅宗普遍奉行的传法制度。神会禅师一生起伏波折很多，在89岁高龄时，洛阳的庙宇多被战火毁坏，他不顾自已年老体弱，毅然率领众弟子创立寺院，而所有度僧的收入全部捐献充当军费，这对郭子仪带兵收复叛贼起了相当大的作用。在平定安史之乱以后，唐代宗请神会禅师入宫供养，上元元年，即760年，神会于洛阳荷泽寺示寂，享年93岁，其灵骨供奉于洛阳宝应寺，谥号"真宗大师"。

道一：即心即佛　非心非佛

马祖道一（709—788年），为唐代著名禅僧，开创南岳怀让洪州宗，据称他生来便相貌奇特，虎目炯炯，透着一股灵慧，而且舌头很长，舌尖可以触到鼻子，脚底长有两轮，而这些表征据说是佛才有的。

道一12岁在净众寺出家，26岁来到衡山传法院，每日参禅打坐，当时南岳怀让禅师担任般若寺的住持，当他得知道一的事情后，特地来到传法院。

南岳怀让见道一整日端坐在那里，又见道一相貌不同凡俗，心想这必定是个有造就的人，只是在如何开悟上还没有人指点，便问："你每天都这样打坐，究竟为了什么呢？"

道一仍旧闭着眼睛，说道："我要成佛！"

怀让听罢便随地找了一块砖，在附近找了一块大石，开始磨起砖来。

道一听到这噪声，心中极为不满，但又十分好奇，便起身问道："师父磨砖做什么？"

怀让也学着道一的样子，头也不抬地说："我在磨砖做镜子啊。"

"真是好笑！磨砖怎能做镜？"道一略微不屑地说。

"哈哈，既然磨砖不能做镜，那么你整日打坐就一定能成佛吗？"怀让说道。

道一听罢觉得眼前这人很不简单，便恭敬求教，怀让说："比如有人驾车出门，假如车子不走了，你是该鞭打拉车的牛，还是鞭打车轮呢？你说自己坐禅是为了成佛，可你是在学坐禅，还是在学那端坐的佛呢？假如是要学禅，那么禅悟并不在于坐卧的形式，佛性无所不在，佛也没有固定的形式，而佛性也绝对不是学学就可以得来的，这需要你自己的体悟。"

听了这些话，道一顿时有所觉悟，便再拜请怀让禅师给些开示。道一问："可是，我该怎么用心修行，才能达到那至高无上的解脱境界呢？"

"禅不是学出来的，而是明心见性地体悟。"南岳怀让说道。

道一觉得眼前这位禅师很不一般，便执意要追随他一起参学，后来马祖道一跟着南岳怀让一起参学共有十年之久，并得到怀让的印可。

马祖道一的禅学思想有一个阶段式的变化，从“即心即佛”到“非心非佛”，最后才是广为人们熟知的“平常心是道”。他曾向众人开示说：“道不用修，但莫染污。何为染污？但有生死心，造作趋向，皆是染污。若欲直会其道，平常心是道。何为平常心？无造作、无是非、无取舍、无断常，平凡无圣。”

那么，马祖道一的这种阶段的禅学思想究竟是如何得来的呢？

话说某日马祖道一在给僧众讲经结束后，有一位学僧大胆提出质疑，他问：“刚才您说了半天即心即佛的道理，我怎么不明白呢？您又凭什么这样说呢？”

马祖道一说：“我说即心即佛，是为了哄那些动辄啼哭的孩童。小孩子在哭闹时，总要拿些东西哄哄他们吧。即心即佛就是说给这样的人听的。”

“那么，小孩不哭时呢？和尚又该怎么说？”

“假如孩子不哭时，我便告诉他非心非佛。”马祖道一说。

当人们因为生死轮回而生出恐怖心时，就好比那个动辄哭闹的孩子，需要有人给予他一些肯定，告诉他：“你的心就是佛，你自己就可以出离苦海。”于是孩子不哭了，那些因生死轮回而恐惧的人也不再担心了。

当人们都相信自己的心就包含着佛性，自己就能成佛的时候，自然也就不存在内心之佛与心外之佛了，这便是非心非佛的阶段。

这个学僧又继续问：“这世上除了哭的人和不哭的人，这第三种人，和尚该做什么开示呢？”

“这样的人已经与佛相契合了，我还有什么对他说的呢？”马祖道一说。

从这段对话中，我们也能见出马祖道一对于不同根器的人所说的禅法是不一样的。可是，无论是哪种根器的人，马祖道一都强调要用一颗平常心来体悟心性，从日常生活中体认自己的本来面目，由此也可以看出，马祖道一的禅法与惠能禅法的相似之处。

马祖道一不仅强调在生活中悟禅，而且还要求门人做到打破一切名相的束缚。有这么一则公案，颇能说明马祖道一的这个禅学特点。

马祖道一有一天在打坐时，一直在咳嗽想吐痰，于是便随口把痰吐在身边

的佛像上。一位侍者看到，便大惊失色地说："师父，为什么您要把痰吐在佛像上呢？这对佛祖多不尊敬啊！"

马祖道一听罢，立刻又咳嗽一阵，又将一口痰吐在了佛像上，他反问侍者道："在这虚空之中，到处都有如来的法身，你不让我吐在这里，那么请你告诉我，痰该往哪里吐呢？"这名侍者无言以对，却又似乎悟到了什么。

还有一次，马祖道一忽然很不高兴地朝虚空中吐了一口痰。侍者见状便问："禅师为何生气？我哪里做错了吗？"

马祖道一解释说："我在此处参禅打坐，可是在虚空之中，山河大地、森罗万象、一切法界都显现在我眼前，这真是叫人很生厌烦。"

侍者答道："禅师，这一切都是修证的瑞相，说明您修行得很好，您为什么要厌烦呢?"

"也许对你来说，这是好事，可对我而言，这就是很讨厌的事情。"马祖道一愤愤地说。

"禅师能否告诉弟子，这是什么样的境界呢？"侍者茫然地问道。

马祖回答："这便是菩萨境界！"

"这种菩萨境界，真叫人难懂！"侍者仍旧是一脸茫然。

马祖道一对他说："因为你是人，不是菩萨。"

侍者问道："难道菩萨不是叫做觉有情吗?"

马祖道一说："你还是一个拘谨不觉的傻瓜，菩萨怎么能让你有所觉悟呢？"在马祖道一如此严厉的呵斥之下，这名侍者不但没有懊恼，反而还有所体悟。

一般人对佛像都尊敬有加，但是在马祖道一看来，其实这些人没有真正地认识佛。佛的法身遍满虚空，充实法界，哪里没有呢？眼前的不过只是一尊偶像，如何能代表虚空中的佛性？马祖道一把痰吐在佛像的身上，表示他已经认识到诸佛法身无处不在的道理了。所以，他才敢把不净之物吐在佛像身上，这就是要告诉门人，只有打破偶像等外在名相对心性的束缚，才能觉悟到本心佛性。

一般人禅坐时，都把见到瑞相当做是欢喜的事，并以此来为自己增加禅修

的信心。马祖道一却讨厌所见到的这些瑞相，因为他早已破除了分别心，能够做到把宇宙间的一切差别现象都归于平等，灭除人我对待而归于统一，这种境界，正是佛的境界。

马祖道一用他的观修体验告诉大家，真正修禅有觉悟的人，要做到心中无一物，心中无一事，在心中不留寸丝挂碍，如此，才是真正的禅境。

还有一则公案，从中也可对马祖道一的禅风特点有所了解。

当时有一位研究佛学几十年的老法师向马祖道一问道："我还不知禅宗都传什么法，因此我特地见禅师，希望你能告诉我。"

马祖道一问道："老法师传些什么法？"

这位法师说："鄙人讲过的经论到现在已有二十余部了。"

马祖禅师道："莫非老法师便是那骑狮子的文殊菩萨了。" 马祖道一的意思是，这名法师传了这么多经论佛法，应该能达到大菩萨的智能境界了。

"不敢！不敢！老衲可当不起您这样的说法啊。"

马祖道一听后，突然做起嘘声。

老法师说："你这嘘声，便也是法。"

"这是个什么法?"马祖道一问。

"你这是狮子出窟法。"老法师得意地说。

马祖道一听后便一阵默然。这位老法师说："禅师的默然也是法。"

"哦？不说话又是什么法?"马祖道一问。

"不说话便是狮子在窟法。"

马祖道一听后哈哈一笑，便问："那么，狮子不出也不入是什么法呢？"

这位法师一下变了脸色，开始思考起来，可是他终究也回答不出，于是辞别准备离开。

马祖道一看他走出门外，便叫道："法师留步！"

于是这位法师站住，回过头来看着他，马祖道一笑问道："敢问法师，这回过头来是什么法?"法师仍然回答不出。马祖道一这才说道："这便是愚人说法呀!"他以这种方式回答了方才老法师的提问。

禅宗所传的教法，是不立语言文字的，释迦牟尼佛说法49年，却还是一再

强调说自己没有说过一字、没有传过教法。

故事中的那位老法师说自己参究佛法，讲了二十余部经论，却不能回答马祖道一提出来的问题，因此马祖道一才说他是“愚人说法”。尽管研读了许多经典，讲了许多经论，这又能怎样呢？还不只是停留于纸墨上的理解吗？如果不能做到彻悟心性，任凭读了多少经典，也无法证得清净自在的境界。

马祖道一“平常心是道”的禅法给后辈禅门僧人带来了诸多启示，而且这种平常心在马祖道一看来乃是修行的最高境界，据《五灯会元》卷四载：赵州从谂禅师问南泉普愿禅师：“什么是道？”南泉说：“平常心是道。”这便是马祖道一所倡导的禅修境界对后世禅门修行宗风的一大影响。

湛然：无情有性　遍布法界

湛然大师（711—782年），为天台宗第九祖，唐代中叶名僧，俗姓戚，为常州晋陵荆溪（今江苏宜兴市），他出生于一个儒学世家，幼年时就有着超出世俗的志向。唐玄宗开元十五年，他在江浙一带游学访道；开元十八年，在东阳境内偶然遇到金华方岩禅师，老禅师对其传授了天台教门并赠给他《摩诃止观》等关于天台宗教法的书籍，湛然受到启发，便专程求学于天台宗八祖玄朗大师，专门修持止观学说。玄朗见他善根深厚，与佛门因缘殊胜，因此而尤为垂青，并传授以天台宗教观旨要。湛然依照玄朗的教导，在学习上十分勤勉，经过18年的修学，在天宝七年于宜兴君山乡净乐寺出家，之后又前往会稽开元寺，依止四分律相部宗的高僧昙一律师刻苦钻研律学。学成之后又去了吴郡开元寺宣讲天台宗大义《摩诃止观》。

玄朗圆寂后，当时的禅宗、华严宗、法相宗等皆是名家辈出，湛然独以匡扶天台宗为己任，他说："道之难行也，我知之矣。今之人，或荡于空，或缪于有，自病病他，道用不振，将欲取正，舍予谁归？"可见，湛然大师把中兴天台宗作为自己的使命，他不仅撰写天台三大部的注释，而且还有大量著述，都以阐扬天台宗旨观为主，湛然大师一生著作颇多，最具有代表性的有《法华玄义释鉴》《法华文句疏记》《摩诃止观辅行》《金刚錍论》《止观大义》等。

湛然大师的代表性佛学思想是"无情有性"说，以往佛教界有一种理论，认为一切有情众生都具有佛性，都能成佛，可是那些无情（非生物）是不能解脱成佛的，它们也不具备佛性。湛然认为这种佛性论还不是彻底的，还是有所限制的。在他看来，佛性不仅是解脱成佛的内在依据，更是这个世界的本体，即"真如"。既然如此，那么不仅有生命的物种能够拥有佛性，就连无生命的物体也该拥有，因为这个世界就是由生命体和非生命体共同构成的，自然应该都具有佛性才对。所以，即便是草木砖石也具备和有情众生一样的佛性。佛性周遍宇宙一切事物之中，这便是湛然大师的"无情有性"说的核心思想。

湛然大师另一个佛学思想是"一念理具"思想。在《法华玄义释签》中，

湛然这样说道："行者常观一念介尔起心，以具一切心故，等于佛心，以等于佛心故，六皆名即，成究竟即。"

这"一念介尔起心"，指的是凡夫的妄心和分别心，可是在这妄心之中，已然包含着清净心和佛心。因为一切法是无常变化的，正因如此，妄念才不会一直持续，它总有转成清净的时候。当众生心性不定时，自然妄念横飞，徒然给自己增添许多烦恼，随之也呈现出各种杂染的境界。可是不论这人生境界是清净还是杂染，其实都已经包含在一心之中，所以，不论凡人还是圣者也不过是根据心的变化而呈现出来的不同境界。既然这些都是一心上的不同呈现，那么心、佛与众生自然也是没有差别的了。

众生的境界都是随心而转的，清净、无分别和妄想杂念的心会呈现出一种祥和快乐的自在境界；而充满杂染、妄念和分别的心，则会招致来恶劣悲惨的生存环境，其实这都是一念心的变化而导致的结果。心念是刹那生灭的，而心所现显的境界也是变动不休的。

随缘不变观，也是湛然大师的一个代表性佛学思想。在《止观大义》中，湛然大师写道："随缘不变故为性，不变随缘故为心。"随缘不变，就是说既能随顺各种外缘而做事，又能保持自心的如来藏本体清净不染。而不变随缘，则是说心的体性恒常清净，所谓杂染，也不过是因为客尘而已。不变随缘，是要我们能够在保持清净心性不动不摇不变的基础上，从容面对世间千差万别的外境变化。

在湛然的《金刚錍》中如此写道："万法是真如，由不变故；真如是万法，由随缘故。"这里所揭示的，其实无非是理与事之间的关系、心与性之间的关系。世间万有万法，都不过是真如之所变现，而真如根据一定的因缘果报，也是会做各种不同变化的。但不论万法如何做变化，也离不开这个真如佛性。这真是如同水与波的关系一般：波，可以视作水的形式，但波与水本就是同一性质的。任凭波做出各种变化，都具有湿性；而这种湿性，也正是水的本质。

由此又可推导出，佛与众生之间的关系。佛与众生，在体性上，没有丝毫差别，就好比水和波一样。可是在外相、事用上，却是悬殊万丈。因此，众生

应当精勤修习，断除迷惑，泯除分别见，熄灭妄心，转杂染为清净，实现一心中的转变，由凡夫解脱到佛的境界。

湛然大师生活十分简朴，对人慈祥可亲，据《宋高僧传》卷六《湛然传》中写道：“（湛然）大布而衣，一床而居”，他对弟子亲身教诲，至老不倦。唐德宗建中三年（782年），湛然大师忽然生病，自知将不久于人世，便对门人作最后一次开示说：“道无方，性无体，生欤死欤？其旨一贯。吾归骨此山（佛陇道场），报尽今夕，要与汝辈谈道而诀。夫一念无相谓之空，无法不备谓之假，不一不异谓之中，在凡为三因，在圣为兰德。爇炷则初后相同，涉海则浅深异流，自利剥人，征此而已，尔其志之。”空、假、中，是天台宗所立的三谛与三观，天台门人要对这三谛进行观修，以期达到圆融无碍的境界。湛然在做完开示之后，当晚便圆寂了，终年71岁。因他是楚荆溪人，所以世称其为“荆溪大师”或“荆溪尊者”。

怀海：众生心性　本自圆满

百丈怀海禅师（749—814年），俗姓王，福州长乐县人，为唐代禅宗高僧，马祖道一的法嗣。据说，怀海禅师童年时曾与母亲一同到寺庙里拜佛，他指着殿堂里的佛像问母亲："这是什么？"他的母亲说："这是佛。""可是看他的外形面容，和我们并没有什么不同的地方，以后我也可以作佛的。"从这点可以看出，怀海禅师从小是深受佛教影响的，而且他从小就极具慧根，与佛教有着殊胜的因缘。

怀海禅师幼年时就出家修行，最初师从潮阳西山的慧照和尚，后来在衡山的法朗和尚那里受了具足戒，之后又前往庐江（也就是现今的安徽庐江县）浮槎寺潜心研读寺内藏经，在经过多年的刻苦研读之后，怀海具备了深厚的佛学知识。此时正值马祖道一在江西南康弘法，他便前往参学，与智藏、普愿一同成为马祖道一的弟子，他们三人各有所长，成为鼎足而立的马祖门下三大士。

关于百丈怀海禅师的得道经过，还有这么一个有趣的故事，读来颇值得大家玩味。

马祖道一禅师为了能够启迪百丈怀海的禅悟，便邀他一起外出散步，两人正行走时，忽然见到一群野鸭从头顶飞过。

马祖道一见后就问百丈怀海："你看，那是什么？"

百丈怀海老老实实地答道："那是一群野鸭子啊。"

马祖道一禅师再问道："你说，野鸭子会飞到哪里去呢？"

百丈怀海回答："只是飞过去罢了。"

马祖道一一听，便用力地捏了一下百丈的鼻子，百丈被这突然的一吓，竟不知自己犯了什么错误，只是看着马祖道一，也不言语。

马祖道一指着百丈怀海的鼻子说道："不就是在这里吗？你怎么可以说飞过去了呢？"

这一句话倒使百丈怀海豁然大悟。他一句话不说，自己回到房里就痛哭流涕。

几个学僧觉得奇怪，便问起原因，百丈怀海就照实回答。学僧们不明白

是怎么回事，大家都以为是百丈怀海一定是什么地方做得不好，得罪了马祖道一。

百丈怀海说："你们去问问老师，不就什么都清楚了吗。"

学僧们便去请教马祖道一。"这事只有百丈怀海他自己最清楚，你们怎么问起我来呢？"马祖道一说。

学僧们面面相觑，又经不住好奇心的驱使，便回到禅房要向怀海问个清楚，没想到等他们回头来问怀海时，百丈怀海却一个人在那里哈哈大笑。大家见他先哭后笑，心中更是觉得莫名其妙，好奇心也更强了，便纷纷问他缘故。

百丈怀海答道："我是以前哭，现在笑，因为当时我说这里、那里、过去、现在，就是犯了时空错误。灵明的心性是不受时空限制和阻碍的，又怎么能说是过去、现在、这里、那里呢？"

怀海禅师从马祖道一那里得到其禅法真传，但是在继承马祖道一禅学思想的基础之上，又有自己的创新，他认为世间众生本来具足圆满清净的心体，而这佛法就在众生的心体之内，不必向外寻求，而所谓的修行学佛，其实也不过是要在自心之内消除烦恼妄念的捆绑而已。

据《祖堂集》卷十七所记，大安曾问怀海："学人欲求识佛，如何是佛？"百丈怀海云："大似骑牛觅牛。"大安又问："识得后如何"百丈怀海禅师说道："如人骑牛至家。"大安再问："未审始终如何保任，则得相应去？"百丈怀海说："譬如牧牛之人，执鞭视之，不令犯人苗稼。"大安听后大悟，示众说："汝诸人各自身中有无价大宝，从眼门放光，照山河大地，耳门放光，领览一切善恶音响，六门昼夜常放光明，亦名放光二昧。"

大安问怀海，对于学佛修道之人来说，究竟什么是佛呢？怀海告诉他，我们每个人就是佛了，你怎么还要问佛是什么？这就好比你骑着牛却还在找牛一样。那么，在识得自性之后呢？又是一种什么境界呢？怀海说，这就好比骑牛回到自己的家，你的心才是最终的归处。那么，在没有体认自己的心性之前，如何保持自己的心性呢？怀海告诉他，就像放牛人那样，用鞭子看管牛（这牛其实正是没有开悟的心，用鞭子看管，即是要做到严守戒律），而不要让它毁坏了田地（即是不要破坏了心体的清净）。大安开示给僧众：佛法就在众生个

人心中，解脱是不需要外求的，而你一旦执着地认为世间存在着解脱的良方，这便是给心灵套上重负，更是背离了修行的主旨。要知道，修行和开悟，只不过是要消除自心中的束缚，而这种束缚正是来自于自己所造成的烦恼和妄想，可见，是开悟得解脱，还是继续痛苦沉沦下去，关键是看你如何观心。

怀海禅师曾有言道："灵光独耀，迥脱根尘。体露真常，不拘文字。心性无染，本自圆成。但离妄缘，即如如佛。"心与佛与众生，全是平等如一，无丝毫差别，但那些不曾开悟的人，却未能明白这个道理。众生之心性，本来就是清净光明，照耀着万物的心性随不同外缘而化显出不同的种种现象。但是这心性却不会被现象所染污，而所谓的凡人，只是不明白这个道理罢了，一旦能够洞悉心之本性与妙用，凡俗众生即刻成佛。

有人曾向怀海禅师请教，什么才是大乘佛法顿悟的旨要。百丈怀海禅师说："你应该先放下诸缘，放下对于一切事情的挂念，不论是善念，还是不善念，不论是世间法，还是出世间法，都不要惦念记挂。放下你所攀援的事物，舍下你心内记挂的事情，你的身体与心灵便可以顿时轻松、安然。把自己的心，比作木石一般，不对外境做什么分别辨认。"

同时怀海禅师也强调，参禅之人务必要在参学的过程中做到顺其自然，不做刻意追求。一切善恶分别都放下，也不要攀援外在对象，以不假所求之心来参悟，心能不受内外诸缘的系缚，才能做到真正的如如不动。

百丈怀海禅师对佛教作的另一个重要贡献，便是对教规进行了大胆的改革，并制订了《百丈清规》，明确规定出家人"一日不作，一日不食"的农禅并重的修行生活方式。因此，怀海禅师每天除了带领僧众修行、参禅、讲解经论之外，还必须亲自劳役，像许多年轻的佛弟子一样勤苦工作。怀海禅师在生活中自食其力，极为认真，可是作为一寺之主，日常事务又多，怀海禅师尽管每日很是辛劳，却从不肯假手他人。

但是百丈禅师毕竟已是上了年纪的老人了，他每日随僧众上山担柴，下田种地，渐渐地也有些支撑不住了。弟子们不忍心看到年事已高的师父做这种粗重的工作，因此，禅僧们就纷纷恳请他不要再随大家出去劳动了。百丈禅师听后不以为然，并且十分坚决地说道："我无德劳人，人生在世，若不亲自劳

动，岂不成废人？”

弟子们知道无法阻止他，只好将怀海禅师平日里所用的一些工具藏起来，不让他工作。百丈禅师怎能不知弟子们的心意，尽管他感念师徒之间的情分，却认为既然自己制订了禅门清规，自己就应该首先遵守，所以他就以绝食的行为来抗议。

这样一来，怀海禅师的弟子们可都急坏了，大家连忙劝他进食，百丈禅师却不急不慌地说：“既然不去劳作，哪里还能吃饭呢？”弟子们实在没有办法，只得把干农活的工具还给他，让他随大家一起劳作。从这则故事中，我们也可得见古代有名望的禅师对于自己的要求其实是很严格的，并非是后人所想的那样，终日一副无所事事的模样。

百丈怀海禅师虽然对自己要求严格，但是对其他人却充满着慈悲之心。有这样一则公案，是关于“野狐禅”的故事。

某一天，百丈怀海禅师说法结束，来听法的人都已经退出禅堂了，但还有一位老者却站着不去。

百丈怀海禅师问道：“在那边站立的是哪一位呀？您还有什么问题不清楚吗？”

这位老者答道：“我不是人，我是一个得道的野狐。我还在百丈山上修行时，曾有一位学僧问我：‘修行得道之人，是否还落因果？’我回答：‘不落因果。’只因为这一句回答，我便堕在了畜生道，做了五百世的狐身，至今还在畜生道中受苦。我想请教禅师一句转语，让我超生。”

百丈禅师听后，心生慈悯，便一口应允了。

这位老者合掌问道：“请禅师开示我，得道的修行者是否还落因果？”

百丈禅师答：“不昧因果!”老者闻言大悟，作礼告辞。

第二天，百丈怀海禅师带领寺中大众到后山的石洞内，用禅杖挑出一野狐死尸，之后便用往生的礼节将其火葬。

这便是禅宗史上的一则著名公案。一个“不落”，一个“不昧”，虽然是一字之差，却有着天壤之别。

“不落因果”，是指所有修行的人都不受因果报应，这本身就是一种错

误的见解，任何人不管是否得道，他都逃不出因果法则的定律。而百丈禅师的“不昧因果” 才是真正的至理名言，任何修行悟道的人都受着因果法则的规定。

历史上关于百丈怀海的禅宗典故和公案还有很多，怀海禅师从实践修行方面对禅宗的发展起着促进作用。唐宪宗元和九年，即814年圆寂，世寿65岁，唐穆宗长庆元年敕谥号“大智禅师”。

灵佑：体露真常　理事不二

灵佑禅师（771—853年），禅宗五家七宗之一的沩仰宗初祖，俗姓赵，福州长溪人，15岁时跟从建善寺法常长老出家，每日都十分辛勤地为寺院工作，到了18岁便前往杭州龙兴寺受具足戒，从此开始参究大小乘经论，尤其注重对大乘佛法的钻研。又过了几年，灵佑忽然觉悟到整日把自己封闭在这文字堆中，是很难有所成就的，更难以领悟到生命的真谛何在，于是便外出云游，到处寻访名师。他到过天台山，之后又参礼马祖道一的弟子怀海禅师，在过了一段时间的参悟生活后，灵佑颇得怀海的器重。

在冬季的某一天，灵佑站在怀海身边侍立，怀海说："你去看看火炉中还有没有火，怎的屋子里这样冷。" 灵佑答应着就去拨动火炉，回答说："没有火了。"怀海禅师又亲自拨弄着火炉说："你看，这炉子里不是还有些小火吗？"灵佑听后，心下有所触动，便喃喃自语道："方才我看时，却不见火苗；而禅师看时，却能看到，这是为什么呢？"怀海呵呵笑道："这炉中之火，好比是自性，我能见到炉中之火，因为我能洞彻自性；你不能看到炉中之火，你说原因何在呢？"灵佑当下即悟，并请求怀海禅师给予印可。

怀海说道："一心之内，万法具足，你如今能够了悟自性，就要好好护持自己的心念。" 灵佑在得到怀海禅师的印可之后，就来到湖南沩山，自立门户，开办道场。在灵佑禅师还未来到此处开办道场之前，当时有位善于看风水的能人，曾经向怀海提到沩山，说这里风景清秀，地势得天独厚，如能作为弘法的道场，定会使宗门大兴。这个人不仅善于看风水，还精通面相，在给众位禅僧以及怀海禅师相面之后，一眼断定当时的典座灵佑才能成为沩山的宗主。此言一出，便引起僧众的纷纷议论，怀海禅师为了服众，便说要进行一场考试，谁能获胜，谁就去沩山开辟道场。这考试其实也简单啊，就是要各人阐述一下自己对佛教的见地，怀海禅师用手指着一只净瓶道："不得将此物唤作净瓶，你们说说，到底该叫什么好呢？" 就在众禅僧各抒己见时，灵佑二话不说，走上前去，一脚踢倒净瓶后径直走了出去，怀海禅师由此更加欣赏灵佑了。

刚来到沩山开辟道场的灵佑禅师过了一段十分艰苦的生活，因为这里尽管风景灵秀，但地处深山老林，经常有野兽毒蛇出没，而且人烟稀少，灵佑禅师最初的时候只能靠着采摘些野果野菜来充饥度日。尽管如此，他也没有动摇弘法利生的心愿，每天不到进餐时间从不轻易走动，但只静坐参禅，保持着安贫乐道的道风。久而久之，附近的山民都被灵佑禅师所感化，纷纷前来帮助灵佑禅师搭建僧舍，经过一段时间的发展，灵佑禅师的沩山道场已经初具规模，当时比较有名的一些僧人比如大安等，也前来亲近，与灵佑禅师共同担荷如来家业。

在灵佑禅师营建沩山道场的过程中，也得到了当地的地方官员的支持，然而会昌法难的到来，打破了沩山道场昔日的平静与祥和。尽管僧人们在这里得到了一定程度的保护，可是沩山僧团还是被迫解散了。灵佑禅师与弟子们乔装改扮，于民间藏身，期盼着来日能够重振宗风。

唐宣宗即位之后不久，便下令恢复佛教，裴休亲自去迎请灵佑禅师回到沩山道场，之后沩山寺院又被皇帝钦赐为同庆寺。此后，沩山道场宗门大兴，成为当时极负盛名的一方宝地，众多禅僧纷纷前来参访求道。

灵佑禅师于大中七年示寂，享世寿82岁，当时著名诗人李商隐还为他亲题碑额，唐懿宗咸通四年，朝廷赐“大圆禅师”的谥号。

灵佑的禅法，见于史书记载的并不多，其开示禅语散见于《景德传灯录》等书的记载。灵祐某日在禅堂上对僧众们说：“夫道人之心，质直无伪，无背无面，无诈妄心行。一切时中，视听寻常，更无委曲。亦不闭眼塞耳，但情不附物即得。从上诸圣，只说浊边过患。若无如许多恶觉情见想习之事，譬如秋水澄渟，清净无为，澹宁无碍，唤他作道人，亦名无事人。”（参见《景德传灯录》）

可见，灵佑禅师主张直心见性的悟道方式，真正的悟道之人，内心须是不带一点伪饰，清净自然而任运无碍的。心境澄明，不做事想，不留挂碍在自心之上，这是真正修道人的模样。

心灵本就是自在无碍的，世间人只因迷了自性，使纯净的心体沾染了烦恼，因此才会感觉不到生命的美好。灵佑禅师指出世人这颗被烦恼、迷妄染污

的心，原本与佛心不二，光明纯洁，只要用直心来生活，在直心中参悟世事，便可获得无上的真实智慧，从而实现心灵的解脱。

同时灵佑禅师也告诉世人，自心本来光明洁净，不需要再到处寻找解脱之路，而所谓的真心，也不过是在清除掉烦恼污浊之后而获得的心的本来面目。若世人一味地向外找寻真心，那就已经与自心的解脱偏离太远了，心性的解脱，就是做一“无事真人”，若是离开这个理念，便是偏离了真正的觉悟与解脱。

此外，根据《祖堂集》上的记载，慧寂在沩山向灵佑请教时，问道：“如何是佛？”灵祐回答：“以思无思之妙，返灵焰之无穷，思尽还源，性相常住，理事不二，真如如佛。”

灵佑禅法中提到理事不二的说法，可能是受了华严宗的影响。灵佑禅师之前的石头希迁，在《参同契》中就提到了理事之间相互依持，两者之间不一不二的思想，到了灵佑禅师这里，更为直接地点明理事二者相即不二的道理。道就在日常的点滴生活之中，离开自心无道可寻，离开生活也是如此。

灵佑禅师所说的佛，也说明佛是存在于生活之中的。那么谁是佛呢？当然是世间觉悟的众生了。能够参悟到“道在生活中”这种圆融无碍的法门，便是当下返归本原，也便成了佛也。

灵佑禅师不仅阐明理事不二的道理，而且还告诉禅僧色心也是不二的。色，即是指外部环境，外部事物，而心则指的是内在自心，思维。在《祖堂集》中，还记载着慧寂跟随灵佑禅师参法时的另一件事，慧寂随灵佑禅师一起游山。灵祐说：“见色便见心。”慧寂不解，便问他：“树子是色，阿那个是和尚色上见底心？”灵佑回答：“汝若见心，云何见色？见色即是汝心。”一切众生的心与肉身与外部环境，也是圆融一体，不可分割的。这与上文所讲到的理事圆融，其实说得道理还是一样的。不论是内在之心，还是外境之色，都不是互相对立的；那么，世间法与出世间法也是如此。色与心相融，理与事被打通，在灵佑禅师的禅道观中，这便是最上层的境界，便是悟到了真实之理。

灵佑禅师不仅强调理事圆融、色心圆融，而且也强调在证悟方式上的顿渐圆融。禅宗有南北之分，悟道有顿渐之分，可是，灵佑并不认为渐修与顿悟是

矛盾的、对立的。相反，他还认为渐修是顿悟的必经途径，因此也是不可偏废的。即便是上等根器之人，他在证悟禅道上天赋极强，能够在一念心中顿悟佛法，可是他身上所有的业障习气也很难一时清除干净，这就必须通过艰苦的实践修持，持守戒律来慢慢地改正过来。

灵佑禅师与其得法弟子慧寂共同开创了禅门沩仰宗，他的地位在当时来说也是极为不凡的，灵佑禅师对中国佛教的发展、对禅宗在社会上的影响力之扩大所起到的作用也是不可小觑的。但是，沩仰宗虽然在禅门五宗中成立的较早，却衰亡得也早。因此我们也可知见，佛教宗门的振兴，仅仅靠着一两个人是不行的，法脉若想弘传下去，多培养些杰出的佛教人才，这才是真正的保证。

希运：不动妄念　便证菩提

黄檗希运禅师（？—855年），生于福建省福清县，俗姓王，据传他少年时期就极为聪慧，其才学更是闻名乡里。根据《宋高僧传》的记载，希运身材高大，相貌不凡，在额头间长有一个小肉瘤，如同宝珠的形状，也因为这个奇异的相貌，希运从小就被人说成是以后会有一番作为的人，不过这个作为，并不在读书仕途方面。果然，幼年时的希运就表现出对于佛教的喜爱、崇敬，稍微长大一些，他就辞别了双亲，在黄檗山出家。

某日，希运来到洛阳游访，遇到一位年老的女居士，这位女居士曾经在南阳慧忠国师那里学习过一些教法。希运托着乞食用的钵盂来到这户人家，忽然听到这位老妇人斥责："做人不要太贪得无厌了！"希运觉得十分奇怪，便说："您并没有布施给我什么，怎能说我贪得无厌呢？"这名老妇人笑呵呵地说："我看你相貌不凡，日后必定成为佛门龙象，何不去南昌，参访马祖道一呢？你一定会从他那里得到禅门真传的。"可是，当希运赶去南昌时，马祖道一已经圆寂了，当他得知马祖道一的灵塔在石门山时，便前去凭吊，可巧的是，百丈怀海禅师正在那里守塔，希运向怀海禅师说明来意后，就恳求怀海禅师能够传法给他。

百丈怀海禅师被眼前这个年轻学僧的真诚所感动，就问他："巍巍堂堂，从何方来？"

黄檗希运禅师道："巍巍堂堂，从岭南来。"

百丈禅师又问他："巍巍堂堂，当为何事？"

黄檗禅师回答说："巍巍堂堂，不为别事。"说完，就躬身礼拜，然后又问道："从上宗乘，如何指示？"

百丈怀海禅师听完之后沉默良久，希运禅师见状便说："不可教后人断绝去也。"意思是，您不能这样一言不发，不然您的法脉就会断绝了。

百丈一听便说："将谓汝是个人。"他这意思是，我还以为你是个不俗的人物呢，没想到居然有这样的想法。说完就回到自己的住所去了。

黄檗希运仍然紧跟着百丈怀海，说自己是特意来求访参学的。百丈怀海这

才点头说："既然如此，就安心和我参禅吧！"就这样，黄檗希运成了百丈怀海禅师的弟子。

刚开始，怀海对希运并不了解，因此对他总是持保留态度，并没有把自己的心法传授给他。在以后希运随怀海参学的岁月里，怀海越加觉得希运见解不凡，又兼博学好问，便对他寄予厚望，留意对他多加培养。

怀海禅师某一日问希运道："从什么地方回来？"希运回答道："在大雄山下采菌子回来。"怀海问："还能见到大虫吗？"希运便学着老虎的吼声。怀海又拿起斧子来，装作要砍杀老虎的架势。希运却打了怀海一掌掴。没想到，怀海不生气反而还笑吟吟地走了。之后，怀海在禅堂上便对僧众说："大雄山上有一条大虫，你们这些人一定要多加留意，今天我便被这大虫咬了一口。"从这段文字我们可以看出，怀海当时已经认可了希运的见解，而希运也在怀海这里悟得了禅机妙用。

在得到怀海的印可之后，希运回到黄檗山，开始了他的弘法生涯，有《传心法要》《宛陵录》传世，主要活动在江西，通过百丈怀海禅师而间接得到马祖道一的禅风，开创了禅宗临济一门。

在《传心法要》中，希运禅师说："诸佛与一切众生，唯是一心，更无别法。此心无始已来，不曾生不曾灭。"这种佛性超越了世间一切限量名言的分别，因而不能用分别心去体察它，这种佛性无有生灭，从无始以来就存在着，只要悟得这个心法，便是与佛一致。在悟得心法时，必定先要清除妄想杂念，因此"使佛觅佛，将心捉心"的悟道手段是要彻底摈弃的，特别是众生"着相外求"，更是与悟道南辕北辙。因此，只有息念忘虑才能通达佛境。

进而，希运禅师指出"如今学道人，不悟此心体，便于心上生心，向外求佛，着相修行，皆是恶法，非菩提道。"这些修行上的歧途，不仅使我们耗费掉宝贵的光阴，更是没有好好利用可贵难得的人身，到头来，终究还是要后悔不已。

"供养十方诸佛，不如供养一个无心道人。"为何呢？无心之人，心内不动不摇，没有分别杂念，没有滞碍堵塞，众生之菩提本心，本自清净，无有暇秽，这一点是禅宗各宗派在佛性观上极为一致的地方，"即此本源清净心，与

众生诸佛世界山河，有相无相遍十方界，一切平等无彼我相。此本源清净心，常自圆明遍照。”

这种清净心佛性，不仅是众生成佛的根源，也是世间万物的本原，诸如四大、五蕴、三界六道，都是起心动念的产物，只有如如心性，才是真实恒常的。这种本原没有人我的分别，也没有彼此的差异，一切都是平等无碍的。从中也体现出黄檗希运的一种圆融思想。

“念念无相念念无为，即是佛。”可见，佛并不神秘，在黄檗希运看来，内心不起杂念的就是佛，能觉悟自心本来面目的便是与佛无差别。而佛教中所谓的“八万四千法门对八万四千烦恼。只是教化接引门”，可是，其实在成佛的道路上，是没有现成的法可以修的，离一切法即是得法，法身有如虚空，成佛即是向虚空中得。“佛说一切法，为除一切心。我无一切心，何用一切法。”因此说，灭了烦恼，熄了分别妄想，直观自己本心本性，即是成佛，又何必另外寻觅成佛的法则呢？刻意地找寻解脱之法，不正是在给自己本来清明的心性上增加负担吗？

在《宛陵录》中黄檗希运禅师更是指出观心悟心即是成佛的禅学思想：“即心是佛，上至诸佛，下至蠢动含灵，皆有佛性，同一心体。所以达摩从西天来，唯传一心法，直指一切众生本来是佛，不假修行。但如今识取自心见自本性，更莫别求。”一切众生本来是佛，这样就大大地拉近了众生与佛之间的距离，而也正是禅宗最吸引人的地方。

《宛陵录》里还记叙了黄檗希运所描述的禅境，这种禅境也是为修禅者在当下体会时提供了一种参照：“语默动静，一切声色尽是佛事，何处觅佛？不可更头上安头，嘴上加嘴。但莫生异也。山是山，水是水，僧是僧，俗是俗；山河大地，日月星辰，总不出汝心。三千世界，都是汝自己，何处有许多般。心外无法，满目青山，虚空世界，皎皎地无丝发许与汝作见解。一切声色尽是佛事，若学道者不即不离，不住不著，纵横自在，那么，行住坐卧，语默动静，皆为道场。”

山河大地，日月星辰，乃至三千世界都在我们的一心之内，如此观照，我们的心灵真是如此富有，而我们平时竟浑然不知，因此黄檗希运禅师才说世人

本心就是佛，还要满世界寻佛；自性就如同宝珠一般，却还不知道自悟自觉，反而希望一定要通过他人的肯定才算觉悟，这种依赖外境的心理，会成为真正开悟佛道的障碍。

黄檗希运禅师的禅风，被后人总结为“棒喝交施”。而希运禅师这样做，也是为了使参学之人熄灭分别妄想，摆脱对外在启发的迷信。他教给世人，只需要直下任运，向内观心即可。他主张修学人要做到“心境双忘”，而“忘心”正是觉悟的关键，但忘心是很难做到的。黄檗希运常说：“愚人除事不除心，智者除心不除事。”这句话正是他禅学思想的典型写照。

推荐阅读：

法融：《心铭》

窥基：《大乘法苑义林章》

于凌波居士：《唯识名词白话辞典》

智俨：《华严一乘十玄门》

弘忍：《最上乘论》

释道原：《景德传灯录》

惠能：《坛经》

马鸣菩萨：《大乘起信论》

张说：《大通禅师碑》

赞宁：《宋高僧传》

神会禅师：《神会语录》

湛然：《法华玄义释签》《金刚錍》《止观大义》

静筠二禅师：《祖堂集》

希运：《宛陵录》《传心法要》《大宝积经》《大集经》《大般涅槃经》

宋元时期

尽管在唐代，中国佛教的发展进入了一个新的发展时期，中国化的佛教——禅宗形成，并迅速在社会上取得了深远而广泛的影响，但宋初的一些士大夫阶层对佛教依然抱有反感或怀疑的态度，而『三教合一』，特别是『儒佛融合』一直是宋元时期的学术思想主流。作为一种社会力量，佛教的发展规模与社会影响仍然巨大，而且这一时期出现了很多佛门高僧，尽管他们分属于不同宗派，对佛教的教义教理抱有不同见解，但是大多都倡言儒释道三教的融合，这在宋朝中期表现得尤为明显。教内提倡『禅教律圆融』，教外提倡『儒释道合流』的学术潮流，乃是顺应历史发展的要求，而佛教儒化也成了宋明时期佛教发展的一大特色。宋元时期的高僧主要有延寿、省常、赞宁、契嵩、智圆等人，下面我们来对这些大师的生平、思想和佛教理论学说进行一些了解。

延寿：诸宗融合　万善同归

延寿大师（904—975年），唐末五代十国时的僧人，为净土宗六祖，法眼宗三祖。延寿大师俗姓王，字仲玄，号抱一子，籍贯江苏丹阳，后迁至余杭。他被尊为中国佛教禅、净两宗的祖师，更被后世誉为“古佛再来”。他践行和倡导的一心为宗、诸宗融合、万善同归、庄严净土的佛学思想和修行理论，奠定了入宋以后中国佛教发展主流的基础，因此，延寿大师对中国佛教和中国文化的发展均有着巨大而深远的影响。

仲玄天资聪颖，极有悟性，据说在16岁时，他曾献《齐天赋》一篇给吴越王钱穆。后来，他便担任余杭库吏的职务，之后又迁为华亭镇将，督纳军需。因为他自幼便笃信佛，所以一直提倡戒杀放生，并在任上时因擅自动用库中银钱买来鱼虾等物放生而被判死刑。在被押赴市曹行刑的时候，王仲玄的脸上没有一点儿悲戚的样子。典刑者见到后觉得十分奇怪，就问他缘由。王仲玄说自己动用库钱就是因为看到集市上的鱼虾实在可怜，所以才买来放生的，自己又没有拿来自用，所以问心无愧，当然也就不会觉得悲戚了。这个典刑者觉得此人心存慈悲，着实不忍杀他，而文穆王知道王仲玄动用库钱是为放生，并没有私用一文，所以便将他无罪释放了。在王仲玄30岁的时候，他跟从龙册寺翠岩禅师出家修行，法名延寿，字智觉。

延寿大师自幼便聪慧过人，在出家之后，他更是勤苦修行，在《宋高僧传》中记载道：“（延寿大师）执劳供众，都忘身宰。”“衣不缯纩，食不重味，野蔬布襦，以遣朝夕。”延寿大师每天都要做各种杂活，以此来磨炼自己的心性，供养僧众，以至于把自己抛在脑后。他从不穿缯帛丝绵制作的僧衣，也从来不在意饭菜的味道，吃野菜，穿粗布制成的短衣，就在劳作和念经中度过一天的时间。

在龙册寺生活了一段时间之后，延寿便向禅师告辞，打算外出参学。最初的时候，大师在金华天柱峰下修习禅定，前后用了9年时间，自觉禅法还是不够精深，所以又前往天台山，在德韶禅师那里修学禅法。德韶禅师本为禅门法眼宗创始人文益大师的弟子，禅学功夫自然甚是深厚，吴越王曾尊其为国师。由

于延寿的刻苦修行，再加上他天资聪颖，所以他在禅学上的功夫十分了得，得到大家的认可，也因此而得到德韶禅师传法，成为禅门法眼宗的第三代传人。

据说，延寿大师在天台山修学期间，有一次在禅定中，观见白衣大士以手持净瓶，向其口中灌下甘露，由此之后，大师获得不可思议无量辩才。还有一次，大师在夜里行路，忽然觉得普贤菩萨将莲花覆在他的手上。延寿大师由此而感到自己尽管修学多年，但自己毕生的修行趣向却还没有决定，于是攀上智者岩，以纸和笔作成两个纸阄，一张纸阄上写道“一心禅观”，另一个则写着“万善庄严净土”。大师在经过真诚的冥想之后，前后一共七次，拈起的都是写有“万善庄严净土”那一阄。于是延寿大师才下定决心，要一心一意地参悟禅门并修净土。

此后，延寿大师来到了永明寺，每天必行一百八件佛事。据说，大师在夜里行走时，口里也不停佛号，和他一同行路的人都能听到天空中有乐鸣之声。延寿大师在永明寺期间，诵读法华经达一万三千卷，所传弟子有一千七百人。大师时常用银钱买来一些活物放生，并将其放生功德回向净土，这一点，倒是和他年轻时并不二致。每日斋饭时，大师会施一些斋饭给鬼神；黄昏时分，大师则有在山峰上绕佛的习惯，绕佛时也要称念佛名，声声不断。

大师每日除了修行、弘法之外，还将自己的修行体验以及对佛学的研究心得整理成书，《宗镜录》就是大师在此时定稿刊行的。其他著作如《万善同归集》《神栖安养赋》《唯心决》《受菩萨戒》《定慧相资歌》《警世》等书，也是相继在永明寺写成的。

假如要对延寿大师的佛学思想做一简略概括的话，“诸宗融合，万善同归”这八个字再合适不过了。延寿大师不仅是禅门法眼宗第三代宗师，而且还是净土宗第六祖，因此，大师的佛学思想也必定是禅宗与净土的相互结合。而融汇佛教各宗各家之说，导归西方净土则是延寿大师佛学思想的特色之所在。延寿大师将密教的密行与法相、三论、华严、天台等各家诸种学说以及净土理论，经过融合折中而综合为一，因此可以用“汇通诸宗”来做一概括。

延寿大师曾作《禅净四料简》，其中写道：“有禅有净土，犹如戴角虎，现世为人师，来生作佛祖。无禅无净土，铁床并铜柱，万劫与千生，没个人依

怙。有禅无净土，十人九错路，阴境若现前，瞥尔随他去。无禅有净土，万修万人去，但得见弥陀，何愁不开悟。”可见，在延寿大师的佛学思想中尽管是涵容各家学说，但尤为重视禅法和净土，并多次强调禅宗与净土相结合，既能开发我们的本自清净心，又能依凭佛菩萨的慈悲愿力而早日得到解脱，得生净土。

同时，延寿禅师还极力呵斥狂禅、文字禅之流，认为禅宗在发展的过程中过分注重个体性的觉悟，反而过于拘泥经文，在开始时，这种思想能够启发人的内在智慧，开发个体潜力，但是，其结果也导致了禅门出现的一些弊端，比如各种异端思想的发生。延寿大师对这种倾向早就有所注意，他在《宗镜录》卷二五中指出：“近代或有滥参禅门不得旨者……并是指鹿作马，期悟遭迷，执影是真，以病为法。”延寿大师提倡以稳当易行的念佛法，提出“禅教兼重”的方针。“经是佛语，禅是佛意。诸佛心口，必不相违。”（见《宗镜录》卷一）。延寿这种禅教合一的思想，推动了禅宗向传统复归。

延寿大师认为一切事理，本来都是源出于一心之中，各宗各派所传习的教法，看似有所区别，但最终也都汇归于心宗，佛陀所教授的各种教法本来就是圆融互通的，所以尽管各家各派言说不同，但最终的指向无非是人的自心本性。

在延寿大师那个时代，很多禅师都把禅看做是“一切无着，放旷任缘”，认为依照此种心态修习，就能够由“无作无修”而达到“自然会通”的精神境界。然而延寿大师并不这样认为，他觉得假如把这样的精神领悟当做是佛的境界，就未免会流于空泛和粗疏了。假如只是凭借自已的一心见解，对教理教法漠不关心，即使能够有所领悟，也终究不能超出一般凡夫的成就，假如以为达到这样的悟境就算到了佛的究竟果位，这只是见闻浅陋的表现，而且会贻误后学。为了避免这种后果，延寿凭借着吴越王的信任和自己已有的威望，便召集慈恩、贤首和天台这三大宗派的僧众，“分居博览，互相质疑”，把三大宗派的学说分别阐述并对其义理加以分析、质疑。在这之后，由延寿大师所代表的法眼一系的说法而作为评判标准对上述各宗加以评定，以禅宗的心学作为一种平衡各家学说的准绳，把各宗各派的学说统一起来，这样就达到了禅与教的统

一，而这个统一的中心就是禅法，而且还是以达摩禅为准。延寿大师的著作《宗镜录》即是“举一心为宗，照万物如镜”，心即是宗，以心为镜，从延寿大师所作的自序中可见，他写此著作的目的就在于统一禅与教。这“一心为宗”中所说的心，就是人人本有的自性清净心。

延寿禅教合一的思想来自于宗密大师，延寿有言：“凡称知识，法尔须明佛语，印可自心。若不与了义一乘相应，设证圣果，亦非究竟。”他以《华严经》的教义为根本，尤其重视《华严经》中对于“心”的阐述，并和禅宗的义旨结合起来，但同时他又肯定修行悟道是有顿悟渐修的，这便又符合了净土宗的主张，而且延寿大师十分重视净土宗的实践主张。在当时，禅宗各个宗派都认为无修无作，任运自然，才是悟道解脱最重要的途径，延寿大师却认为修行次第和躬行践履都不可偏废，并大力提倡各种修习。他以身作则，制定每日的课程，对自己的修习实践也十分严格。延寿大师希望能以自己的切实行动，改变禅宗放任自然、不修不作的宗风。而他把净土宗的教旨和修行理念与禅宗相结合起来，无疑地又扩大了禅宗在群众中的影响。

当时禅宗各个宗派都把禅悟体验讲得比较玄，这些内心体悟和验证，只有那些有一定文化底蕴的士大夫阶层才能领会得到，而对于那些没有什么文化背景的普通民众来说，就未免显得有些难以领悟，不易理解了。而把禅宗和净土统归到一处来，自然能够使各个阶层的人都能在其中找到自己需要的那部分了。

从延寿大师的修行生活中，也可以得窥其佛学思想。他开创禅净双修，汇宗佛门各家派别的学说，并导归于西方净土。他在《万善同归集》中写道：“世出世间，以上善为本，初即因善而趣入，后即假善以助成，实为越生死海之舟航，趣涅盘城之道路，作人天之基陛，为祖佛之垣墙，在尘出尘不可暂废……夫万善是菩萨入圣之资粮，万行乃诸佛助道之阶渐。若有目而无足，岂到清凉之池？得实而忘权，奚升自在之域？是以方便般若，常相辅翼；真空妙有，恒共成持。法华会三归一，万善悉向菩提；大品一切无二，众行咸归种智。”

永明延寿大师把善视为修证中最为重要的事情，而且这种善行，还是日

后超越生死苦海的行舟，走向涅槃清净道路的途径，因此是不能偏废的。把行善作为宗教实修中最重要的一个环节，也体现出延寿大师对待世间众生的菩萨行。善行乃是证得菩萨果位的资粮，更是获得佛果的阶梯。证悟般若和勤做善事，本来就是一体的，互相补充的，唯有如此，才能趣入净土世界。

延寿大师不仅在当时闻名遐迩，天下皆知，而且他的影响还一直延续到现代。近代著名的佛教革新家、佛学大师太虚老和尚充分肯定了延寿大师对于佛学发展的贡献："禅净合修，远在安般禅已有渊源，不过达摩、慧可来后，久成隔绝，至于永明延寿始大为提倡之。"（参见《中国佛学特质在禅》第六节，《禅学论文集》第二卷，77页）

永明延寿大师作为一代佛学巨擘，他留下的宝贵精神财富不仅应该被后人所继承并弘扬，更应该从其佛学思想中找到真正对自己有所帮助的内容，而对于现代人来说，尤其要了解到善行的重要性。且不说如何超脱生死轮回，达到涅槃彼岸，假如人人都能从善出发，做善事，说好话，发善心，对于我们提升自己的人生境界也是大有裨益的。

省常：莲花胜会　同修净土

省常（959—1020年），俗姓颜，字造微，浙江钱塘人，为宋代专修净土宗的代表人物。省常尚为儿童时就天资聪慧，灵性非凡，7岁时就开始表现出厌弃凡俗生活的行为，并由家中长辈送到寺庙中剃度出家。17岁时发大菩提愿，受具足戒，持戒严谨，一丝不苟。开始修学的本是天台宗的止观学说，后来倾心于莲社之遗风，便在杭州西湖的庆昭寺内组建了“净行社”，以专心修学净土宗、往生弥陀净土为自己的心愿。

当时的名相王旦（957—1017年），由于其品行正直无私，大肚能容，便被大家推举为净行社之首，士大夫跟从修学的也有百余人等，出家僧众共来修行的有千余人之多，颇有当年庐山白莲社的盛况，推动了江南净土信仰的发展。

为了表明自己专心修持净土法门的决心，省常曾经刺破自己的手指，用指血书写《华严经·净行品》，每书写一个字，必定三拜、三绕、三称念。写好之后，便刻印数千册，分发给同修念佛者，以此来激励大家修持净土的信心。

省常大师生前并不曾著书立说，他的度生言教也极少在史书中见到，可省常大师的佛学思想则可以从其平时的修法行为中得以看出。首先，省常大师观察了当时教内教外的修习风气，认为当今世人最为安全便捷、行之有效的修行法门当属净土无疑。只需正心诚意地发愿求生弥陀净土，每日制定出念诵功课，日日不断，时时精进，就必当能够有所成效，得见西方净土世界。

在净土宗的修行中，没有利根钝根之区别，也不必要学习多么高深的佛学理论，这对于当时的下层民众来说尤其具有吸引力，这便使得士大夫阶层愿意在净行社中受东晋慧远白莲社遗风的熏陶，更有许多文化程度不高、但却怀有强烈的出离生死愿望的下层民众也慕名前来，希望能够在此获得解脱，往生净土，永享欢乐。

省常大师强调只有将深信、切愿、净行这三者同时做到，才有可能真正地出离生死轮回，他引导每一个有志往生净土世界的修学者先端正自己的心念，要对净土世界和阿弥陀佛的愿力生起无上的信仰、对自己能够即身作佛生起无比的信心。有了这样的信念，才能够引发出厌离时间、但求往生的强烈愿望和

热切期盼，而当修学者有了如此坚定的信念和深切的愿望，自然会严格遵守梵行，以期早日实现梵志。省常大师劝导发心信众，要注重实际的修行，念佛法门就是通过真切的实修才能成就的法门，而不是随便念几句“阿弥陀佛”就可以获得解脱，永离轮回。

省常大师弘法度生的言教尽管极少见于史书，但他却用自己的实际行动告诉修学者，在净土宗的修行法门里，信、愿、行三者，对于一个修净土宗的人来说是缺一不可的。

宋真宗天禧四年的正月十二日这一天，也就是1020年，省常大师像往常一样，端坐在寺中称念佛号，过了一会儿，众人纷纷听到大师高声唱和道：“有佛来也！”大家再低头一看，地上的青石板居然全部变成金黄色，过了好久才消退去，又恢复成像平常时那样。此时，省常大师却已坐化西去，大家都说他由阿弥陀佛接引去了西方净土世界，省常大师享世寿61岁，僧腊55年，戒蜡45年。

省常大师一生努力践行净土法门的修持，每日不断诵念功课，结净行社，广度众生，正是有了省常大师的不懈努力和大力推动，才使净土宗在宋代得到了进一步的发展，而在江南一带，更是成了净土宗的修行道场，不论是在朝士大夫，还是普通的民众百姓，无不敬服省常大师的弘法利生之行，而后世更是尊奉他为莲宗七祖。

赞宁：紫袍高僧　王法为本

赞宁（919—1001年），俗姓高，湖州德清（今属于浙江）人，为宋代律宗高僧，佛教史学家。赞宁大师自幼出家，学习南山律部，他博通三藏，又兼学儒道两家，且极善文辞，喜欢与人辩论。他奉诏所编著的《宋高僧传》依照梁、唐《高僧传》之体例，收录了从刘宋至宋初共十朝高僧正传计有531人，附传125人。在这部《宋高僧传》中，搜集引用的材料十分广泛且史料考据都相当严谨，刻画传神，文笔生动。此书一经完成，宋太宗便亲自嘉奖，赞宁也因此而被朝野上下所敬佩，之后他又担任了左、右街僧录，这是当时最为高级的僧官。

博闻强识、善做辩词的赞宁在据说当时极受士大夫们的礼遇，几乎没人能够在辩论中驳倒他。欧阳修在《归田录》中记载了这么一个故事：

某天，宋太宗在相国寺内焚香礼佛，他问赞宁是否应该跪下向佛行礼。赞宁回答说："陛下焚香就可以了，不必下拜。您现在就是佛，没必要再去跪拜过去之佛。"宋太宗听后自然是欣喜异常，以后凡是帝王来到寺院里焚香礼佛，都不必下跪礼拜，这便成为了一种定制。

这也许只是一个历史故事，未必带有多少真实性，但却可以看出赞宁在当时的地位和所受到的崇敬。

赞宁大师的主要佛学思想是"王法为本"和"崇儒为佛事"。宋初年间，尽管士人对待佛教的态度有所缓和，但是尚有一些士大夫对于佛教还是持一种怀疑、轻视的态度。宋初尊儒抑佛之思想的氛围还是比较浓厚的，赞宁作为佛门弟子，又兼通儒道二家的学说，自然不会听凭一些排佛士大夫对佛教所做的批评。可是佛教如果要在当时的社会环境下稳住脚跟并有所发展，仅凭高僧们写出几部著述是不能办到的。于是赞宁认为，如若要使佛法长久发展下去，就必须顺应王法，这也是为了能在当时士大夫排佛的环境下给佛教寻求一立足之地。而赞宁之"现世佛不拜过去佛"的说法，也可看做是顺应帝王心意、有意依靠帝王扶持而做出的表示。

为了能够给佛教的发展减少阻力，赞宁又提出"崇儒为佛事"的说法，把

儒教的地位放在佛教之中，这其中有明显的三教调和倾向。可这也是在当时的那种政治环境和社会压力下的一种权宜之策，也是一种护教的行为。赞宁大师的佛儒互融、三教调和的理论乃是开了后世三教相融合思想的先河，此后智圆的《闲居编》、契嵩《辅教编》以及后世高僧在各自论著中所主张的三教融合思想，可以说是从赞宁这里发端的。不过，儒释道三教融合是思想文化发展的趋势之所在，而佛教在与儒教互相碰撞、互相吸收的过程中已经形成“你中有我，我中有你” 的交互错杂关系。佛教的慈悲济世、利益群生的菩萨情怀与儒家胸怀天下、入世治世的精神相互融合，在潜移默化中共同形成了中国传统文化的中枢部分。

赞宁大师倡言三教一致，融汇儒释两家，是顺应时代发展的要求，也许三教融合的理论并非赞宁首创，但赞宁在宋初排佛的环境下依然对佛教的发展有所推动，不能不说是因为“以王法为本”“崇儒为佛事”的提出而获得当朝帝王的支持，才使得佛教在当时的夹缝中能够继续发展下去。

赞宁大师除了《宋高僧传》之外，还著有《大宋僧史略》《鹫岭圣贤录》《外学集》《内典集》等书。由于他言辞纵横而颇擅辩论，当时被人称为“律虎”。吴越王钱俶十分仰慕其风采、才学，赐号“明义宗文大师”；宋太宗太平兴国三年，赞宁随同钱俶入朝，被宋太宗赐予紫袍以及“通惠大师”的法号。赞宁圆寂后，被葬于钱塘龙井坞。宋徽宗时追加谥号为“圆明大师”。

孤山智圆法师在《经通慧僧录影堂》一诗中表达了对赞宁的追思，读来令人颇为动情：“寂尔归真界，人间化已成；两朝钦至业，四海仰高名。旧迹尚存在，遗编满京城；徘徊想前事，庭树跪鸦鸣。”

以诗论体闻名的北宋诗人王禹偁，对于佛教从不持任何好感，但是对于赞宁大师却崇敬有加，经常以弟子的身份拜谒他。在王禹偁的《小畜集》中就记载有他向赞宁呈送诗词的事情。于此也可看出赞宁大师在当时的地位和影响力。

契嵩：调和佛儒　备崇孝道

契嵩禅师（1007—1072年），俗姓李，字仲灵，自号潜子，出生于藤津（即今广西藤县）。在1045年前后，即庆历年间居于杭州灵隐寺。在1051年前后，也就是皇祐年间，到当时的京都，向宋仁宗递交先后两次递交文章，其《辅教篇》就是为了阐明佛儒两家共通不相异的思想实质，以反驳欧阳修等人的排佛主张。这篇文章以及契嵩的胆识和学识，使满朝士大夫为之折服，甚至连宋仁宗也都赞叹不已，赐他“明教大师”的称号。

契嵩成名之后，并没有打算继续留在繁华的京城，安享宋仁宗给的优厚待遇，在拜别宋仁宗之后，他独自返回了南岳衡山，终日里闭关修道，“潜子”这个号大抵就是此时取的。

契嵩尚未进京时，在灵隐寺著有《禅宗定祖图》和《传法正宗记》，厘定禅宗西天二十八祖的传承谱系，并且还对《坛经》进行了较大的改编，后又撰写了《辅教编》，主要思想就是倡导儒释道三教融合，尤其在理论上阐述了儒教和佛教的一致性和共通性。

契嵩力图调和儒家和佛教的关系，认为儒佛两家本来都是劝人为善的，同样都是治理政事、提高道德的必要良方。“圣人为教不同，而同于为善也”（参见《辅教编上·原教》），因此，也不应该对儒佛两家分别对待，更不能对佛教抱有诋毁和仇视的态度。他和持排佛论的人辩论道：凡是天下的教化，都是教人一心向善的，都可以从道德层面对人们起到一定的教化作用，难道佛法就是非善的吗？你们排斥佛教，都以为是佛教和儒教不同，或者只看到儒教的优点，却不曾考虑过佛教在劝化人心方面的功用，不过都是些片面的理解罢了。“吾谓佛教者，乃相资而善世也”（参见《辅教编上·劝书第二》，《镡津文集》卷一）。佛教中最根本的五戒十善，就是引导人们做善事、有善行，并起到防非止恶的作用。佛教中的五戒十善和儒家的正心诚意、忠恕之道、仁义礼智信等道德规范是相通的，只不过是换了一个说法而已，实在是“异号而一体耳”。

契嵩为了调和儒家思想里的孝道观念，撰写了《孝论》十二章。儒教对佛

教抨击最多的就是出家人剃度，别离父母，不承担家庭劳动和娶妻生养后代的责任。契嵩则认为，佛教其实是特别讲究孝道的，而在这个问题上，也是完全可以做到佛儒互融的。他承认孝道在戒律的前面，“夫孝，诸教皆尊之，而佛教殊尊也”（见《辅教编下·孝论》，《镡津文集》卷三）。而出家修行，受持戒律则又是行孝的最佳手段，并用很多历史故事和神话传说来证明佛教起着神化孝道的作用。儒教是从入世的角度来说明孝道及其重要性，而佛教则是从出世的角度去说明，并神化了孝道，因此，佛儒两家在孝道方面不仅不是互相矛盾的，而且还是相辅相成的。“夫孝也者，大戒之所先也。戒也者，众善之所以生也。为善微戒，善何生耶？为戒微孝，戒何自耶？故经曰：使我疾成于无上正真之道者，由孝德也。”（《见契嵩著《孝论·明孝章第一》）孝理应被放在诸种戒律的首位，又由于只有持守戒律才能生出善心和善行，所以，要有善行，就要持守戒律，也就要先生起孝心。

契嵩还在心性论上找到儒佛两家的契合点。他坚持“心能生万物“的观点，认为心是宇宙万物的本原，是包括了佛教在内的一切世间道德体系的根据。而且这个心，也是儒教所说的仁义礼智信的本原。儒家的圣人，其实都是从不同层次，不同角度出发来阐明本心的，可谓是殊途而同归。

在关于心、性、情的论述上，契嵩认为心灵是万物的实体、本原，心就是万物和众生的本性，心也就是理，即心即理。而“性” 则是人们天生自然所具有，一切人本来具有的道德理念，比如儒家所说的五常，即仁义礼智信。如若能在生活中实践这些，那才能做到真正的明悟道理，得悟自心本性。但是，为什么有人就不能圆明顿悟自心本性呢？这是由于人们的心灵受了“情”的杂染，才使得人们不能超出生死，而一再堕入轮回。这个情，也就是佛教上所说的“渴爱”。

契嵩还极力推崇中庸之道，“惟心之谓道，阐道之谓教。教也者，圣人之垂迹也；道也者，众生之大本也”（《辅教编中·广原教》，《镡津文集》卷二）。这个道，就是儒家所说的中庸之道。他认为中庸即是不偏不倚的生活方式，是一种真正的大道，是万事万物的运行规律。“中庸之道也，静与天地同其理，动与四时合其运，是故圣人以之礼也。则君臣位焉，父子亲焉，兄弟悌

焉，男女辨焉。”（见契嵩所著的《镡津文集》卷四，《辅教编下·中庸解第二》）只有效法中庸之道，才能明辨并安立君臣、父子、兄弟和男女各自的位置，从中可以看出契嵩佛学著作中的儒化倾向。

契嵩提出“正人心“的说法，认为只要对自己的本来清净无染的本体之心生出敬畏和自信，就能在一心之中同时存在仁、义、礼、智、信、常、善、忠、孝、慈等各种优秀品质，而这些也就带有了佛性的意味。所以，在这个层面上，佛儒两家，是完全相通的。

在如何正人心这个问题上，契嵩倡言应该“无修无证”，不过这也仅仅是对于那些有着非凡智慧和品德的人才能适用，而对于普通人来说，仍然要依持戒律，并通过修行才能获得这样的人生境界。

在这个基础之上，契嵩还提出了“真谛无圣论”，是说真谛的本性就是空明的，是没有凡圣差别的。这种观点颇类似于儒家所谓的“人人皆可以成尧舜”，而契嵩的“真谛无圣论”也确实是从儒家的这种说法中借鉴而来的，为的就是在最大程度上调和佛儒两家的差异性，将这两家的共同点呈现给世人，以汇通儒佛。契嵩还将儒家学说中的五常等同于佛家的五戒，以显示儒佛之合一，就世间法来说，成佛即是成人，而这个人自然是具有仁义礼智信等各种修良品德的完人、圣人，契嵩有言：“圣人以五戒之导世俗也，教人修人以种人，修之则在其身，种之则在其神，一为而两得，故感人心而天下化之，与人顺理之谓善，从善无迹之谓化。善之，故人慕而劝；化之，故在人而不显。”（参见《镡津文集卷》第二，《辅教编中·广原教》）

这里的“圣人”自然就是指佛陀释迦牟尼了，他以五戒化导众生，而众生承受佛陀的教诲，因此佛陀是以一种“治世者”的形象出现，而被他所教化、引导的众生，自然就处于“被治者”的地位了。这里就颇有些孟子所说的“劳心者治人，劳力者治于人；治于人者食人，治人者食于人”的意味了。

作为援儒进佛，融合佛儒思想于一体的佛教界代表人物，契嵩在世时一再倡导“儒佛不可相非”，而应该加以汇通融洽，共同为启迪人们的心智，净化人们的心灵起到应有的作用。契嵩极力宣扬儒、佛和百家之间的融会贯通，并阐明它们是“心同而迹异”。契嵩不仅从教内发扬宗密大师的“禅教

合一”的思想，而且在教外还倡言儒佛之间的融合，尤其是以“心性”统一了儒佛的思想学说，是儒化佛学的突出代表，冠之以“一代儒僧”的名号也不为过。

智圆：心具三千　唯心是理

智圆大师（976—1022年），俗家姓徐，字无外，号中庸子，乃钱塘人氏，自幼出家修行，21岁跟从源清大师受天台宗教观。在源清大师圆寂之后，智圆独自住在西湖孤山旁，刻苦钻研佛教经论，希望能以己之力重振天台宗风。他坚持贫寒自守的生活，一生拒不结交权贵，只是专心修行，勤奋著述，因此智圆的生活过得很贫苦。大师一生著有26部书，共计130卷，此外还有诗词作品。智圆大师在度过短短的46岁之后，就撒手西走。宋徽宗崇宁三年，即1104年，被朝廷追认为"法慧大师"。

虽然智圆的寿命不长，但却留下了大量著作，根据文献记载可知，主要有《文殊般若经疏》二卷、《遗教经疏》二卷、《般若心经疏》一卷、《瑞应经疏》一卷、《四十二章经疏》一卷、《普贤行经疏》一卷、《无量义经疏》一卷、《不思议法门经疏》一卷、《弥陀经疏》一卷、《首楞严经疏》十卷。这些都是很有代表性的著作，因为是关于十部经的著述，所以智圆在佛教史上被称为"十本疏主"。

而智圆大师被佛教界所熟知的除了他著作颇丰之外，还因为他与以天台宗正统派自居的知礼在佛学思想上意见不同，进而在天台宗内部开始了所谓"山家""山外"的派系争论，以知礼为首的一部分僧人自居为山家派，而晤恩、源清、智圆等人则被列入到"山外"一派，在长达十数年的争论中，智圆成为山外派中著述最宏富的学者。而"山家""山外"的辩论则起源于对智顗《金光明经玄义》的不同理解。晤恩认为，诸法实相都是可以直接谛观的，而没必要一定通过观心这一环节才能通达明理。但是，知礼却认为，晤恩的这种说法是有教而无观，乃是违反了天台宗止观并重的教法，正所谓"心体不二，不可分离"，修学人必须把要观的智慧和教理集中在一心之上才能通达佛理。而智圆为了维护晤恩的学说，便会同庆昭合著了《辩讹》，以反驳知礼。智圆认为，对于实相所做的观察，就是在谛观自己的真心，而知礼所说的那种脱离开实相观心的说法则只能观到妄心、分别心，而不是自己本然纯明的真心。

智圆的佛学著作主要阐扬"三教同源""宗儒为本"。他曾经说道："非

仲尼之教，则国无以治。家无以守，身无一安。……国不治，家不宁，身不安，释氏之道，何由而行哉？”（参见《闲居编》卷一九《中庸子传》上）可见，智圆是将儒家学说摆在了佛教之上，并肯定儒学在治国理家、安稳身心方面所起到的重要作用。从这一观点出发，国治、家宁、身安，才是佛教能够存在的前提，而且佛教和儒教本来就是功用相同而手法各异。孤山智圆自号中庸子，这也表明了他折中儒释两家学说的态度。

“夫儒、释者，言异而理贯也，莫不化民，都是教人迁善远恶也。儒者，修身之教，故谓之外典也；释者，修心之教，故谓之内典也。惟身与心，则内外别矣。蚩蚩生民，岂越于身心哉？非吾二教，何以化之乎？儒乎？释乎？其共为表里乎！”（参见《中庸子传》上）

儒释两教所起到的功用基本相同，虽然在语言文字的表达方式上差异很大，可是其中所蕴含的道理却是能够相通的。它们都可以起到教化民心的作用，都教导人们远离恶念而生发善心。假如说儒家的言教是用来修身的外典，那么佛家的思想便是修心的内典。心于身，内外有别，因此儒释之间有一定的差异也在情理之中的了。

儒家有部经典叫做《中庸》，而佛门也有一部十分著名的经典叫做《中论》，若说这两部经典有什么内在的共通之处，那便是反对做事情的极端化。中庸之道，与不落两边的中道思想，在方法论上是相通的，而这也成为智圆调和儒佛两家的又一个方面。

智圆是儒、佛兼通的高僧，他既重佛，也重儒，因此他主张“修身以儒，治心以佛”“儒释道宗，其旨本融”。而智圆如此大力地调和儒释理论，也说明在宋代，佛教的中国化达到了一个新的高度，进入到一个更高的层次上。

智圆继承源清法师的佛学思想，强调人的心为能造、能具之通体，而色（物质世界）为所造、所具之别相。所以，心具三千而色不具。智圆又说心、佛、众生，唯心是理，是能造的总体，而佛与众生这两者是事，即所造的事相。因此，理具三千而事则不具。他把理事和心、佛、众生分开来阐述。理，是真心，真性的显现，而事则是妄心、染心所造。在观行方面，智圆主张以凡夫的妄心作为观法的对境，也就是说把凡夫自已的迷妄心、分别心、妄想心，

作为所要对治的对象，因为这些都是自心所执取的境界，也是人们在修行时需要排除的障碍。可见，在智圆大师的主要学说思想中，治心之学是占有极其重要的地位的。

“所变处无非三千者，一性本具，是能变，即理造也；十界依正是所变，即事造也。不变随缘，理即事故，十界依正炳然差别；随缘不变，事即理故，界界三千未始改移。”（见智圆集《金刚錍显性录》，卷三）心具三千世界的说法，其实是华严宗唯心学说与天台宗性具理论相结合的一种新思想，而其中又融合了理、事方面的关系，智圆用理、事关系来阐释心性与妄心。有了心性这个“体”，才能有妄心这个“用”。理，是心性，包含万法诸有；而事则是妄心所造作出的现象。即便是妄心所变现出来的外境随时在发生变化，可这真心理性却是不做变化的，未曾有所变动。

“又可以镜喻心性，明喻理造，像喻事造，虽像现有去有住，而明性常具众像，虽事造有灭，而理性常造三千，像现全在镜明，事造不离心性，事理不二，明像常同。”（见智圆集《金刚錍显性录》，卷三）心性便如同那镜子本身，是不动不摇、寂然自存的；理性造化则好比是镜子能够反照外物的性质；而事造就如同镜中图像的生成，则是根据外缘而产生、并做各种变化的事像。

从以上这些思想中，我们可以看出智圆大师不仅融汇了华严和天台的理论学说，更将儒家思想也吸收进来，这种儒佛学说高度融合的理论，在宋代初年的佛学思想史上意义巨大，用儒家学说来作为修身之道，不再局限于士大夫阶层，也成为出家僧人在修行实践过程中的一个重要组成部分，这种儒佛互融的学风，也为日后程朱理学和陆王心学的出现、发展提供了极大的启示。

克勤：坐却意见　截却语言

克勤大师（1063—1135年）为宋代临济禅僧，乃出于五祖法演门下，被当时人誉为“僧众管仲”。圆悟克勤大师俗家姓骆，字无著，号碧岩，北宋仁宗赵祯嘉祐八年生于彭州崇宁县（即今四川省成都市郫县境内），其家世代以儒业为生。从少年时代起便在妙仁寺出家，皈依自省和尚，后来在寺中受了具足戒。在这之后，又前往成都等地，跟从照通和尚学经求法，后来又随同敏行和尚研读《楞严经》，随后还去了真觉寺，参学于惟胜禅师等前辈，此后又遇到法演禅师，遂归其门下，一心参悟禅理，前后经过十数年，终于得到法演的真传。据说法演禅师的弟子中有“三杰”，即“佛果”克勤、“佛鉴”慧勤、“佛眼”清远，时人称之为“东山三佛”，而其中尤以“佛果”克勤最为著名。

历史上的克勤大师，幼年时代记忆力过人，每天能记诵很多学习内容，某一天，他和小伙伴一起去妙寂寺游玩，偶然看到经书，便立刻津津有味地读了起来，过了好半晌，也不舍得放下，小伙伴再三催促他，他便说：“可能我的前世曾做过沙门吧，如今一看到佛书就欢喜得很！”从此便在心中种下了出家修行的因缘。及至以后跟从敏行法师学习《楞严经》时，他十分精进，日夜修学而不知疲倦。

长大之后的克勤有一次得了重病，情形十分危急，倒在榻上痛苦万分、气息奄奄的他想到自己年轻时所学的这些经论，在自己临死时竟然全都不能帮他解除痛苦，于是他不禁感叹道：“看来诸佛的涅槃大道，并不在文句之中啊！我以为凭着自己对于佛经上文字的理解就能证得涅槃果位，看来我这真是可笑的想法啊！”

在病好之后，克勤决心要去参访各地的名僧大德，以便寻求到真正的解脱涅槃之路。克勤先是求访黄檗真觉惟胜禅师。惟胜禅师本是黄龙慧南禅师的法嗣，在得知克勤的来意之后，就留他住在禅院里。偶有一日，惟胜禅师当着克勤的面，把自己的手臂划破，鲜血便一滴滴地流出，他告诉克勤道：“此乃曹溪一滴也。”克勤听了之后，心中十分惊诧，但又似有所悟，良久才说道：“看来，我要寻求的解脱之道也是这样的吧！”

于是，克勤禅师便离开四川，立志要遍参禅门大德，寻求开悟的大道。他先后拜访了玉泉皓、金銮信、大沩喆、黄龙心、东林总等禅宗大德，并且都被他们视为学法修行不可多得的人才。晦堂祖心禅师就曾对他说：“有朝一日，你定会引领临济一派，弘扬禅宗妙义。”

最后，克勤来到了禅门临济宗五祖法演禅师座下。由于克勤年轻时代便已博通经典，而且又参访过很多禅门大德，所以他有着比较重的好辩之风。为了能够将克勤培养成为一代法将，法演禅师对他的要求极其严格，从来不徇私情，这种严厉的教学方法，初看起来过于苛刻，但却也使克勤从中获益不少。

关于克勤如何得道开悟，还有这样一段故事：

某天，克勤来到法演禅师那里请教学问，但是两人没谈几句就争辩起来。法演禅师颇为不满，便对克勤说道：“你的这些想法难道可以战胜生死的恐惧吗？待到他日死亡将要来临的时候，你可以自己检验一下，看是我说的对，还是你说的对！”

克勤被法演禅师这么一逼问，觉得自己已无路可走，心中便生出懊恼和怨气，连声抱怨法演禅师“强移换人”，是把自己的思想观点强加在别人身上，然后就愤然离去了。

法演禅师见状并不阻拦，只是说：“等你哪天生病时，才能思量到我说的这些话，究竟是对还是错。”

克勤离开五祖法演之后，来到金山，但是不久之后就患上了严重的伤寒，身体酸痛，困顿万状。克勤试图用自己平日所学到的佛法来对治眼下的疾病，但是他根本无法对治，身上依然是困重无力，没有一丝一毫的好转。直到这时，他才想起自己临走时法演禅师对他说的话，便在心中暗暗发誓：“等到我的疾病稍微好一点，我马上就回到法演禅师的身边去。”

在克勤病愈之后，果然重新回到了法演禅师这里。法演禅师见到克勤回来，心下高兴非常，就命令他入住侍者寮。能担任侍者，为住持、长老处理杂务，必须是有利根的僧人，这也说明法演禅师对克勤的器重和殷切期望，希望有一天他能成为临济门下的法脉传承者。

在不久之后，有位陈提刑辞去官职路过法演禅师这里，便进来探望，顺便

参究佛理，他问道："敢问禅师，什么是佛祖西来之意？"

法演禅师并没有直接回答，反而说道："陈提刑年少的时候，可曾读过一首艳诗吗？一段风光画不成，洞房深处恼予情。频呼小玉元无事，只要檀郎认得声。陈提刑啊，这首诗的后面这两句和祖师西来之意十分相近。"

一位苦苦等待夫婿到来的新娘，频频呼唤侍女，其实并没有什么要紧的事，只是以此来唤起新郎的注意，希望新郎能明白她独坐婚房的烦恼和愁苦。而诸佛菩萨就正如同这位焦急等候的新娘一样，而沉沦在苦难轮回中的众生，就好比那个反应迟钝的新郎官。诸佛的言教，则好比是频频呼唤侍女的弦外之音，只等有人能够悟得这其中的禅理，脱离轮回苦境。

法演禅师引用这首艳诗，自然有他的一番深意，陈提刑在会意之后自然满意地离开了。侍立于一旁的克勤在听到诗歌的后两句，似乎有了一些省悟，待到陈提刑离去之后，克勤便问法演禅师道："陈提刑以前也知道这首诗吗？"

"他啊，只不过认得声音罢了！"法演禅师说道。

"可是，陈提刑能够识得声音，却为何不能悟道呢？"克勤又问道。

法演禅师知道克勤开悟的机缘已然成熟，便当下里大喝一声道："什么是祖师西来意？庭前柏树子呢？"

克勤闻后，豁然大悟，忙跑出了方丈室，此时恰巧看到一只大公鸡飞到了栏杆上，正鼓动着双翅，打着响鸣。克勤笑道："这和刚才那位檀郎所识得的声音，不都是一回事吗？"于是，他重又来到方丈室，向法演禅师呈上一偈"金鸭香销锦绣帏，笙歌丛里醉扶归。少年一段风流事，祇许佳人独自知"。

少年时代的风流韵事，只有他个人才能觉知其中的滋味，这种滋味又岂能是人人都能参究出来的呢？而悟道其实和这个过程也是类似的。正所谓如人饮水，冷暖自知。少年心中的情义，自然只有他一人知晓，那么诸佛的召唤，自然也只有那些心中有佛的人才能悟得。

法演看过这首佛偈之后，十分欣喜，连连说道："能够了悟真心本性，认识到诸佛的心，原本就不是小根器的人能够做到的，而你如今已经证悟了，我真为你高兴啊！"

法演禅师便对禅院里的出家僧众说道："我的侍者克勤已经悟道了。"

此后，克勤便被推举为上座，与五祖法演禅师座下的其他两位悟道弟子佛鉴慧勤、佛眼清远，并称为“三佛”。

北宋崇宁年间，克勤禅师辞别了五祖法演，回乡探望老母，后来应成都帅翰林郭公知章的邀请，于六祖山开坛讲法，之后又移住昭觉寺。在政和年间，克勤禅师辞去住持一职，离开峡南前往荆楚。在这里，克勤禅师拜访了居士张商英，这位张居士是从悦禅师的得法弟子，他学识丰富，饱参禅学，眼界极高，那些参禅的禅师大德，很少有人能够得到他的推许。克勤禅师和张商英会面后，他们所谈论的，主要就是华严宗的义旨。起初，克勤禅师就华严法界与佛祖西来的意义是同是异这个问题展开讨论，在被克勤禅师否定之后，张商英心生不满，但是，当他听到克勤禅师继续说道：“不见云门道，山河大地无丝毫过患，犹是转句，直得不见一色，始是半提，更须知有向上全提时节。彼德山临济岂非全提乎？”之后，心下大悟，极为诚服。

克勤大师在金山寺的时候，宋高宗诏见于他，请问佛法。克勤禅师说：“陛下以孝心理天下，西竺法以一心统万殊，真俗虽异，一心初无间然。”这是讲，皇帝以孝心来治理天下，而佛法是以一颗灵明之心来统一各种不同的事理。尽管在真谛俗谛上有所区别和差异，但是这一颗心上却是没有差别的。宋高宗听了，自然非常高兴，于是就赐了“圆悟禅师”的名号。

晚年的克勤禅师重又回到成都的昭觉寺，于绍兴五年（1135年）圆寂，享世寿72岁，谥曰真觉禅师。

宗杲：参看话禅　疑中得悟

大慧宗杲禅师（1089—1163年），为宋代临济宗杨岐派高僧，字昙晦，号妙喜，又号云门，俗姓奚，宣州（即今安徽）宁国人。在他12岁时，在东山慧云寺之慧齐门下剃度出家，17岁时受具足戒。为了能够有所成就，宗杲在修学的过程中先后参访了洞山微、湛堂文准、圆悟克勤等师。宣和年间，与圆悟克勤同住于东京，在悟得禅道之后，于是就成为了圆悟克勤禅法的传承者，圆悟以自己所著的《临济正宗记》交付给他。不久之后，宗杲禅师开坛讲法，以善于雄辩而著称，由于他的治学和名望，那些修学的僧众纷纷归重于他，而宗杲禅师的大名也振动了京师。

绍兴七年，宗杲大师居住在径山能仁寺，绍兴十一年，因为对秦桧的投降议和政策不满，而被人诬陷，说与张九成"谤议朝政"，并被夺去度碟和僧衣，之后又先后充军到衡州、梅州、福建洋屿等地，绍兴二十六年赦免此前一切"罪行"并恢复僧服，绍兴三十二年，宋孝宗召其进京，并赐给"大慧禅师"的名号，御笔亲书"妙喜庵"赠之，所以，宗杲禅师也被时人称作"妙喜大师"。此后，宗杲禅师便在云居山倡导看话禅，开启了禅宗参话头的先河。靖康元年（1126年），丞相吕舜徒奏请圣上赐宗杲大师紫衣，并得"佛日大师"的赐号。

起初，宗杲来到曹洞宗门下，希望能够在此处参禅悟道，但是过了很长时间，他都不能契入禅理，见性解脱，更没有得到禅道的要领。于是宗杲离开这里，又到宝峰湛堂禅师门下修学禅法。湛堂见宗杲根器不凡，极有禅风，形神清迈，言辞机敏，因此便十分器重，让他留在身边，随侍左右，希望等到机缘成熟后指引他参禅入道，悟得法性。可是，因为宗杲很长时间以来都不能见机悟道，因此湛堂禅师就责备他道："在长久以来，你之所以不能开悟，主要就是因为你意识里的病症，也就是所知障。你假如不能断除所知障，这辈子都无法开悟了！"在湛堂圆寂之前，告诉宗杲去拜会圆悟克勤禅师。

早年的宗杲禅师由于在修学上没有成就，又听湛堂说起圆悟克勤的开悟经历，心里甚是欢喜，因此就想投奔临济宗的圆悟克勤禅师那里，希望在他那里

能够得到真传。就在宗杲犹豫着是否要去成都拜谒克勤禅师时，他听说圆悟禅师奉诏前往汴京天宁寺讲法，宗杲认为这说明他和克勤禅师的缘分到来了，于是连忙赶往天宁寺。

一日，正赶上圆悟克勤在寺内开坛讲法，圆悟克勤说："曾经有个僧人问云门禅师'如何是诸佛出身处？'云门答曰'东山水上行。'可是，假如换了我，却不会这样回答，而是会说'熏风自南来，殿阁生微凉。'"

宗杲听后，忽然觉得似有所悟。但是克勤却说："你能到这个地步，固然也不容易，但只是可惜死了不能活，不疑言句，是为大病。"在禅门中，若是参了死句，又没有半点儿怀疑精神，就会陷入既有的思维之中，很难真正有自己的体悟，这正是参禅的大病。

克勤禅师让宗杲住在"择木堂"，充当寺内的一名侍者，其实这是希望宗杲能有更多的机会接近自己。有一次在克勤讲法结束之后，宗杲问克勤道："您在五祖法演门下参问'有句无句，如藤倚树'时，法演禅师是如何作答的？"克勤禅师告诉他："法演当时回答的是'描也描不成，画也画不成'。我又问他道'树倒藤枯时如何？'法演答道'相随来也。'"

宗杲听到这里，心内大悟，忙说："这些我会也。"圆悟克勤喜出望外，为了试试宗杲是否真的开悟了，他便又举列出几个禅门大德的开悟因缘问他，宗杲果然都能应对流畅，没有任何滞碍。

随着宗杲的名声不断扩大，当时的士大夫都争相与他交往，其中也不乏一些在朝廷里做官的人，比如前面所说到的那位张九成，张九成乃是当时的主战派官员，由于他经常来到宗杲这里听讲佛法，因此才被秦侩等人抓住把柄，诬陷二人。在经过了这些波折之后，宗杲禅师内心反而更加超脱，在充军期间，他收集先师的禅宗语录公案并定名为《正法眼藏》，共六卷，此外还有《宗门武库》等作品。

宗杲在禅学思想上的最大特色就是开启了"看话禅"的先河，而在最初的时候，他主要是为了反对宏智正觉的默照禅而提出了这另外一种参禅法门——看话禅。宗杲在福建时，那里正盛行默照禅，宗杲对这种开悟的方式极为反对，他说："而今诸方有一般默照邪禅，见士大夫为尘劳所障，方寸不宁，便

教他寒灰枯木去，一条白练去，古庙香炉去，冷湫湫地去，将这个休歇人。尔道，还休歇得么？”（参见《大慧语录》卷十七）

因为默照禅有一个突出的特点就是需要长时间的静坐，这也是趣入禅境的一种方便，因此，宗杲认为坐禅是获得开悟的必经之路。但是，一旦在心内生起对静坐的执着，并把它当做终极目标，就会成为一种禅病。宗杲认为这种禅病乃是对人们心灵的一种桎梏，容易让人们把静坐中的感受当做和涅槃无异。宗杲也把默照禅称作是一种“默病”，同时又把那些随便找个古人参究悟禅的公案，都往参禅悟道方面引用说禅的禅风称之为“语病”。宗杲认为，禅的意蕴和深刻思想，绝不仅只表现在语言文字上，而最重要的是在于参禅人的觉悟，“禅无文字，须是悟始得”（《大慧语录》卷十六）。

禅的意蕴确实需要语言文字来作为表达的载体，但是它也需要远离对于语言文字的执着。禅意都是通过语言文字参悟而得，一味地纠结在语言文字本身，是很难有所收获的。

当初圆悟克勤列举禅门公案来试宗杲时，宗杲就已经对这种参究公案而获得开悟的方法产生了怀疑。于是，宗杲提出了自己的参禅方式，也就是看话参禅。这种参究方法，不用默照，也不必参究禅门公案，但却需要参悟者把公案中的关键性话头找出来，并时时参悟，如此坚持下去，就能开悟。宗杲大师认为，参话头悟道，最关键的是要有怀疑精神，佛家常说“不疑不悟，大疑大悟”，当疑团破除掉，才能迎来心灵深处的开悟，正所谓“山重水复疑无路，柳暗花明又一村”。

在参话头、破疑团的过程中，宗杲认为还需要人们去亲自实践，身体力行，而且参悟这种事，也并非别人能够帮你的。参究话头，不仅需要人们除去一切妄念和各种颠倒分别，而且要在行住坐卧乃至一切日常活动中都保持着自己参究话头的疑心。因此，宗杲也特别提倡参究者要有坚定的信仰以及坚强的意志，在参悟的过程中生起不退转之心。隆兴元年，即1163年，宗杲示寂，临终前其弟子恳请老禅师遗留佛偈，他写道“生也这么，死也这么，有偈无偈，是什么热。”言毕而逝，卒年74岁。

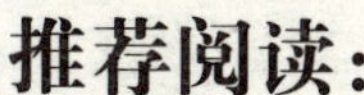

推荐阅读：

延寿大师：《禅净四料简》《宗镜录》《万善同归集》

太虚法师：《中国佛学特质在禅》

欧阳修：《归田录》

契嵩：《辅教编》

智圆：《闲居编》《金刚錍显性录》《中庸子传》

明尧、明洁：《禅宗大德悟道因缘荟萃》

宗杲：《大慧语录》

明清时期

本章节介绍的主要是明清时期的佛教大师，包括梵琦、德宝、莲池、德清、破山、圆悟、智旭、真可、实贤、际醒、续法等明清高僧，通过略述这些高僧的著作来了解其佛学思想，一来缅怀这些佛门大师的功德事迹，二来希望能对我们的现实人生起到一定的启示作用。

在明代的汉地佛教发展中，禅宗仍然是主流力量，临济、曹洞两派十分盛行，而且随着佛教理论建设的发展，在禅宗内部以及禅宗与其他佛教宗派之间的差异性正在逐渐缩小，而自宋代以来就存在的禅宗与净土宗双修的趋势也愈加明显。

到了清代，在汉地佛教中仍然是以禅宗最为兴盛，在经历了华严中兴之后，佛教各宗派诸如天台、唯识等也有了一些发展，时至清末，佛教发展转而式微，代之而起的是佛门居士对于佛学的研究和对佛教文化的传承。

梵琦：真心一元　真如缘起

梵琦禅师（1296—1370年），俗姓朱，字楚石，晚年自号西斋老人，浙江象山人氏，9岁便在海盐县天宁永祚寺出家修学，不久之后前往湖州崇恩寺，16岁时又来到杭州昭庆寺受戒，自此历博览经书，道业精进，在这之后被大慧宗杲的四传弟子元叟行瑞所印可。这位元末明初的佛学大家，在元代曾经六开道场，元顺帝至正七年（1347年）被赐予“佛日普照慧辩禅师”的名号。明朝洪武元年和次年，曾两次奉诏赶赴蒋山举办法会，洪武三年圆寂，享年74岁。留《楚石梵琦禅师语录》20卷，以及诗文集《北游集》《凤山集》《西斋集》传世。

据说梵琦的母亲张氏在分娩之前，曾经梦到有一轮红日落入怀中，在梵琦出生后不久，又有一高僧为他摩顶，预言他将来可以成为佛门一代宗师。梵琦禅师幼年时就十分聪慧，悟性很高，第一次接触到的学习内容就能了悟其大意，并且能够根据私塾先生的命题而作文，是位远近闻名的神童。这位颇具慧根的少年，并没有走读书仕途之路，而是选择了参究佛法，利益众生的路。

从1312年开始，大师便开始了游方参学的生活，他先是随讷翁谟禅师习读《首楞严经》，在刻苦研习之后方才有所省悟。在认真完成老师规定的学习任务后，梵琦还广泛地涉猎其他书籍，他的勤奋刻苦再加上与生俱来的聪颖伶俐，使他很快就积累了丰富的知识。

元英宗年间，梵琦禅师奉诏入京，被安排书写《大藏经》。其间的某一天晚上，大师正在坐禅，忽然听得西城响起了钟鼓声，于是自心中顿时豁然开朗，当即赋诗一首，以记录心中开悟时的喜悦之情。梵琦在诗中写有一联“拾得红炉一点雪，都是黄河六月冰”，此句被公认为是他契入佛教义理，获得觉悟的标志。

从元朝泰定元年（即1324年）开始，梵琦奉宣政院之命，在外弘传佛传法，也正是从这一年，开始了梵琦禅师长达50余年的弘法利生事业。老禅师所到之处，人们无不诚心归服，至心顶礼，加之他丰厚的佛教学识和过于常人的素养德行，使他的名号远播海外，是当时佛教界最有威信、最具影响力的人物

之一。

梵琦大师的禅风主要是以破为主，随破随立。明代文学家宋濂把他的禅风总结为“嘻笑怒骂，无非佛事。世间万物，林林总总，皆能助发真常之机”（见《梵琦语录》序言）。梵琦大师认为早于天地之初就有一个真常的心体存在，它不仅是宇宙的本源，更是诸佛菩萨的法身，这个真常心体，世间每一个众生都有它，但是因为迷失了这个真常心体，而导致一再落入轮回苦海，不能解脱出离。而诸佛菩萨，则是早已觉悟了这个真常体性，故此能够出离生死，不堕轮回。可见，梵琦禅师的佛学思想主要是真心一元论和真如缘起论。“无理外之事，无事外之理；无心外之物，无物外之心。在蚌为珠，在龟为兆，在牛为角，在马为蹄。一一交参，重重摄入。”（见《梵琦语录》卷五）而这一观念，无疑是吸收了华严宗“理事无尽”的思想。理事、心物互具互融，互相缘起，彼此之间不可分割。

梵琦把这个真心佛性称作是“摩尼宝珠”，人人生而皆有，无奈人们终日劳碌顿顿，不能得识自心本性，才最终成为凡夫，“圣人全体即是凡夫，而凡夫不知；凡夫全体即是圣人，而圣人识。不识，故念念纯真；不知，故头头属妄。”（见《梵琦语录》卷七）可见，圣人与凡夫原本就是一个念头的距离。只要能够觉悟到自己这个灵明的佛性，当下的每一个念头，都是真纯无染的。所以，众生要想解脱成佛，无非就是要熄灭妄念，以及各种颠倒错乱的想法，这就需要内观自心，以无修无为无作的方法来明见本心。

梵琦禅师十分反对以知解来明见本性，他把这种无修无作称为“无心道人”，了悟本性的根本，就在于不要执着外部世界，也不要执着自己的身体和心灵。

将净土思想引入禅宗，也是梵琦禅师修学上的一个特点，这在其所著的《西斋净土诗》中表现得尤为突出。在该书的一首诗中，他写道：“一寸光阴一寸金，劝君念佛早归心。直饶凤阁龙楼贵，难免鸡皮鹤发侵。鼎内香烟初未散，空中法驾已遥临。尘尘刹刹虽清净，独有弥陀愿力深。”人身难得，生命无常，而世间祸患如此之多，人们的寿数更是难以估计，可谓生命犹如朝露一般。因此世上的人们更应该早早地皈依佛门，净心念佛。纵使你居住在凤阁龙

楼，显贵非凡，又能怎样？还不是一样难以避免身心的衰老吗？即便焚香的鼎内香雾刚刚消散，可是阿弥陀佛的法驾已然到来。尽管你在心念中能够做到时刻清净，但是，唯有阿弥陀佛的愿力最为深广，能够度尽一切众生。

在向别人传授习禅方法的时候，梵琦禅师很少使用禅宗传统的棒喝方式，而是更加注重在传授过程中语言的开示，并且善于用呵祖骂佛的方式来教导学僧要有自主精神。大师入主浙江海盐天宁永祚寺那天，他看到许多善男信女对着佛像不住地顶礼膜拜，便随口说道："是你是我，撒土撒沙，同门出入，生死冤家。"他希望以此佛偈来断绝众人驰心外求，缘像攀附的错误做法，而把时间用在向内寻求真心本性上。梵琦大师要求学僧们通过自己的参悟来获得对心性的体证，不要被经教束缚，更不能一味地相信祖师的言教，而不加参究。"不立文字，虚张意气；直指人心，转见病深；见性成佛，翻成窠窟。"（见《梵琦语录》卷三）可见，梵琦禅师对于禅宗主张的"不立文字，直指人心，见性成佛"采取了一种不赞同的态度。他教导禅僧只需做个无心道人就可以了，希望成佛成祖，都是一种妄念。

梵琦大师不仅在禅理上有自己的独特思想，而且他还是一位有名的禅门诗人，他的诗作多是取材于寺院生活，并把自己的悟道体会融入诗歌之中，以活泼的语言文字体现出深刻的哲理，这里试举例一首，《题船子夫山图》：主人手里秤高低，买卖商量总不齐。直是无人酬价数，黄金白璧贱如泥。其《怀净土诗一百十首》，就是为了劝导众生把握好当下的宝贵光阴，身体力行，一心念佛，依靠阿弥陀佛的愿力早日得生净土，脱离苦海。在梵琦晚年，他一改过去那种"念佛一声，漱口三日"的观点，反而认为要想解脱苦海，唯有依靠阿弥陀佛的愿力才能做到。

这位元末明初的佛教宗师，其主要活动年代在元朝，但却被称为明代第一宗师，受到两个朝代，多位皇帝的礼遇，他积极提倡禅净双修，教人破除对外在偶像的盲目崇拜，在本心本性中得到精神上的解脱。

正是由于梵琦大师的积极推崇和大力倡导，使得在他之后的明代佛教四大家——莲池大师、紫柏大师、憨山大师、藕益大师都成为禅净双修的实践者和传播者，禅净双修也成为有明一代中国佛教的主流。明末的高僧袾宏推崇他为

本朝第一宗师，智旭也称他是后不见来者式的禅门大师。

宋濂在《佛日普照慧辩禅师塔铭》一文中写道："举明正法，滂沛演迤，凡所莅之处，黑白向慕，如水归壑……由是内而燕、齐、秦、楚，外而日本、高丽，咨决心要，奔走座下，得师片言，装璜袭藏，不翅拱璧。"从中我们也可以看出梵琦禅师在当时所享有的声望和地位。

德宝：参念话头　禅净合一

德宝禅师（1512—1581年），原名月心，法名德宝，自号笑岩，为明代禅宗临济宗高僧，第二十八代祖，德宝禅师俗家姓吴，金台人，22岁时在河南广慧院剃度出家，受戒之后云游四方，随缘开化众生，没有固定的居所，他拜大寂能禅师为皈依师，于北京龙泉寺临济宗第二十七代祖正聪禅师那里得到真传。在这之前，他曾先后礼谒大川、月舟、古春、古拙等禅门名僧，得到很多教益。德宝禅师著有《月心语录》一书。

德宝禅师在当时颇有声誉，影响很大，乃至明朝中叶，凡是谈到禅宗，大家一定会说到德宝禅师。他门下的弟子很多，明末佛教四大家中的袾宏（即莲池大师）、真可、德清都曾向他求取过教法，叩问禅要。也正是由于德宝的大力弘扬，临济门风在有明一代变得十分盛行。

据说德宝禅师曾经步行数千里，历时十余年，来往各个名山大川，遍问名师，他对当时禅界颇为流行的卖弄机锋的教法十分不满，因此，希望能用自己的力量来改变这种以卖弄为主的禅风，并且对宋明以来的临济禅风加以改革。

早年时候，德宝偶然间听闻某法师讲解《华严经大疏》，当他听到“世尊因中，曾作金转轮王。时有乞者，来化国城妻子，头目手足，内外布施。王作念言：‘我今若不施与，向后百年，一旦空废，全无少益，反招悭吝过失，不若施与，空我所有，益我功德……’”这一段时，不禁思绪涌动，心中十分感慨，千古岁月，和如今的又有什么不同？还不都是如同幻梦一样，匆匆过去了吗？可叹这人生，纵然是功名富贵全都拥有，对于解脱又有什么益处呢？由此德宝更坚定了离尘出世的决心，他来到正聪禅师那里，希望能够得到正聪禅师的开示，可是，最初的遭遇并不算顺利。

德宝向正聪禅师发问道：“十圣三贤，已全圣智，如何道不明斯旨？”既然那些圣贤已经算拥有无上的智慧，那么为何说不明白获得开悟的真实意旨呢？

正聪禅师听后厉声说道：“十圣三贤汝已知，如何是斯旨？速道！速

道！”既然历来的圣贤你已尽然知晓，那么这种开悟解脱的意旨你又是如何理解的呢？

德宝于是道出数十中机锋转语，但是都没有契合正道。德宝不甘心失败而回，于是昼夜勤奋参究，希望能早日获得正道智慧。

一日，德宝提着菜篮来到溪边洗菜，一不小心，有片菜叶落入水中，德宝禅师想用手给它抓起来，可是这菜叶随着水流打转，德宝无论如何也抓不住它。看着这片菜叶随着水流流去，德宝忽然觉得心里有了一些领悟，他提起菜篮回到寺院，看到正聪禅师正在屋檐下，便兴冲冲地说：“我想我知道那是什么了？”

“哦？你说说看！”正聪禅师说。

德宝说道：“那是一篮菜！”

正聪禅师又问：“何不别道一句？”

德宝说道：“请和尚别道来！”

正聪禅师再也没问话，而是转身回到方丈室去了。这一天晚上，德宝来到方丈室求教，为了检验一下他是否真的已经悟道了，正聪禅师就举了一些禅门公案，德宝都能应答如流。之后，正聪禅师又用玄沙师备禅师“敢保老兄未彻”的公案来诘问德宝。

德宝说道：“贼入空室。”

正聪禅师又说：“这则人案不草草。”

德宝一听，断然大喝一声，之后便拂袖而出。

次日清晨，德宝禅师又来到方丈室，在问讯之后就侍立一旁。

正聪禅师看着身边的侍者，故意说道：“汝等欲解作活计，这上座便是活样子也。”

德宝一听，震威一喝，便拂袖出了方丈室。

在辞别了正聪禅师之后，德宝又参礼大觉圆禅师，在通过重重考验和诘问之后，得到了大觉禅师的赏识，在大觉禅师圆寂之后，德宝重新回到正聪禅师那里，在跟随正聪禅师修学的这段岁月里，德宝收获极大，正聪禅师在给德宝授记时说：“汝谛受持，遇缘熟者，智愚皆度。续佛慧命，须待其人。”德宝

继承了正聪禅师的衣钵后，就开始了他弘法度生的使命。

在修行实践上，德宝禅师明确提出，应该把“信”放在修道学佛的第一位，他说：“凡欲学道，厥要有三：曰信、曰志、曰时。立信要真，决志要定，时之要极。信真，则始末无歧路；志定，则逆顺无异缘；时极，则忽悟如反掌；自古及今，超凡入圣，鲜不由斯而成者，可不悉乎？”（参见《笑岩集》卷三《普示》）德宝希望用发自内心的信愿来挽救当时禅门的颓风，这与唐宋以来禅宗所宣讲的“自性自度”“疑则有进”的修证传统显然是背道而驰的。但是，这所信的内容，其实并不离禅宗本色。“欲达至道，先悟真心；欲悟真心，先求正信；正信拟获，厥道知矣。何谓正信？决信我此真心本无念缘，不见边际；本无变动，不见往相；本无所依，不见可执；本无名言，性相假立；乃至本无圣解凡情，佛知祖见可得者。果尔信极，豁然速知我此真心。”（《笑岩集》卷四）

不论是万里河山，还是诸佛众生，都源出于自己的一心之中，只要自返本心，对本心进行内观，就可以见性成佛，而这些就是德宝所说的“信”的主要内容。可见，这些思想其实与禅门其他高僧的思想并没有太大差异。

至于得道证悟的方式，德宝所提出的理论就很有自己的特点了。他说：“或厉声，或微声云‘父母未生已前，那个是我本来面目？’复云‘咦！毕竟那个是我本来面目？’只此一咦，直使当下断然空寂。”（《笑岩集》卷三）

自从宋代的宗杲禅师提出“看话禅”的参悟方式以来，“看话头”便成为了禅门一种十分普遍的证悟方式。到了德宝禅师这里，却提出“念话头”的参悟方式。这种证悟方法，不仅要参，要悟，而且还要出声念，可见德宝的这种证悟方式是受了净土宗念佛修行的影响，这也是宋明以来佛门禅净结合的又一个明证。德宝禅师不仅倡言要把净土和禅宗的修行理论融合在一起，而且还将净土宗的修行方式融入到禅宗之中。“只把从前一切未了未办底（的）、未能割舍的诸杂事业，朴塌尽情一刀两断都放下，向无依无著干净心中惟提一个阿弥陀佛，或出声数念，或心中默念，只要字字朗然……如此用心，不消半年一载，话头自成。”（《笑岩集》卷三）断诸妄念，放下尘缘，只在一心之上找寻解脱的本原，这是禅宗的说法，而以不着相、不执着的心来诵持阿弥陀佛

的名号，很明显是净土宗的修行法门，德宝以信代悟，以念佛名号代替参禅悟道，其目的在于挽救当时禅门的一些流弊，以期重振禅门宗风。

明万历九年（1581年），笑岩德宝圆寂，世寿69岁，将衣钵传给幻有正传禅师。

莲池：融汇各宗　普劝念佛

莲池大师（1535—1615年），净土宗第八代祖师，俗姓沈，杭州仁和人，为当时名门世家，名袾宏，字佛慧，别号莲池，因为久居杭州云栖寺，所以又被称为云栖大师，与紫柏真可、憨山德清、藕益智旭并称为明代四大高僧。教法中融合禅净二宗，制订十条约定，被僧徒奉为科律。清雍正中赐号净妙真修禅师。

在17岁时，袾宏由于治学努力，被补为诸生。偶然的一天，听说某位邻居一生念持诸佛名号，从不曾间断过，而且一生没有得过任何疾病，安然自在地去世了，由此才知，持念诸佛名号，功德殊胜，不可思议。这也种下了莲池大师日后皈依净土法门的契机。据说，袾宏还书写了“生死事大”四个字，放置在书桌上，目的是为了鞭策自己，今生人身难得，务必要每日精进，不可懈怠。

从27岁到31岁，这四年袾宏经历了人生中最为痛苦的几件事情：先是慈父去世，然后又是儿子夭折，妻子离世，最后老母亲也撒手人寰。在遭受失去亲人的打击之后，袾宏深深地感觉到死生无常，轮回可怕，于是在32岁那年，袾宏剃度出家，遍访名师高僧，一心修学净土仪轨，把一心念佛作为最重要的功课。有一段时期，他居住在云栖山，山中虎多为患，伤害人命的事情经常发生，袾宏由于了知轮回业果的真实不虚，于是发大悲悯心，希望能够消除虎患，造福众生，遂发愿念诵经文，布施食物，于是山中虎患日渐平息。

据说，有一年闹旱灾，农民们见到田地里颗粒无收，悲苦万状，大家纷纷祈求老天能一降甘霖，普救民众。袾宏发慈悲心，至心诚恳念诵经文，经文刚刚诵读完毕，便下起了大雨，人们欢欣鼓舞，认为这都是袾宏至心念经的功劳，便集体出资修建房屋，很多僧人都来归附到这里，只一心称念佛名号，弘扬净土修法，身体力行各种善事，希望能用善行来净化自己的业障。

袾宏早年曾经来到五台山，因为心诚意坚，感召到文殊菩萨放出五彩佛光。随后来到京师，参拜真圆遍融禅师及笑岩德宝禅师。在跟随二位禅师参学的过程中，袾宏的佛学素养大有长进。后来在经过东昌府时，心中偶有所悟，于是就做了一首佛偈：“二十年前使可疑；三千里外遇何奇？焚香掷戟浑如

梦，魔佛空争是与非。”

祩宏在云游时，正值母亲去世不久，他便怀抱母亲的灵牌四处行走，在每次用餐时，务必先取些食物供养在母亲的灵牌前，然后才肯进餐。一次，当他来到金陵瓦官寺之后，身抱重症，在病好些之后，他便开始精研佛法，每日只是以清淡的米粥作为斋饭，其余时间都在打坐，有时甚至一天都不进食。

经过一段时间，附近的人们都知道有一位戒行甚严的出家人在这里苦行，大家也被他这种坚定的意志打动了。也有很多前来求法的人，看到祩宏在极其艰苦的条件下也不断修行，甚为佩服。于是，大家争相出钱出资，为这位苦行的僧人修建起居室，之后又渐渐修成了庙宇。

从此，莲池大师便开始了他的弘法事业。据说，莲池管理寺院十分重视戒律，为了警戒弟子，要大家谨守门规，他写了《沙弥门规》等书，在宣讲佛法，启发大家时，他十分注意因材施教，循循善诱，而他的弟子门人无不佩服，甚至朝廷里的达官显宦，在莲池面前也不敢有丝毫贡高之色，而只有归服之心。

尽管他对弟子们管教甚严，但却关怀备至，对那些年老体弱的僧人，莲池大师对他们照顾的更是十分妥帖。由于他管理寺院十分得法，所以寺院内的斋饭供养也有盈余，因此莲池大师也经常吩咐门人将寺内盈余的饭菜施舍给周围的贫苦人。据说来到莲池大师的寺院里用斋饭的人，每天可有数百之多。

在弘法度生时，莲池还写下了许多脍炙人口的劝善文，他在宣讲佛教理论的同时，也很注意用情来感染人，希望人们能从内心发现自己的良善之心，并以此踏上修佛学法的道路。

在《戒杀文》中，莲池大师举出了七种情形不宜杀生，“世人食肉，咸谓理所应然，乃恣意杀生，广积怨业，相习成俗，不自觉知。昔人有言：可为痛哭流涕长叹息者是也！计其迷执，略有七条，开列如左，余可例推云。”世间人们杀生吃肉，似乎觉得理所当然，这样恣意杀生，造下许多恶业和怨恨，恐怕世世代代都难以还清。更可悲的是，人们不知道这其中的冤冤相报的道理，反而觉得这是一种习俗，没有什么可怕的，这真是让人叹息的事情啊！

那么，究竟是哪七种情况下，不宜杀生食肉呢？莲池大师说：“生日时，

生子时，祭祖时，婚礼时，宴客时，祈禳时，营生时，都不宜杀生食肉。”为什么呢？在生日时，本该忆念父母的养育之恩，感念众生对自己的帮扶，可是在这一天为了庆生就要大肆杀掉其他生命，使得它们骨肉分离，人们的内心如何能得安宁？心不安宁，又如何长寿呢？因此莲池大师认为，在生日时不仅不要杀生吃肉，还应当随缘放生。生子时也是如此。人们看到自己的孩子出生，都会欣喜异常，为了庆祝新生命的到来就要杀掉其他生命，这岂不是在给新生子制造罪业吗？在祭祖时，为的是追思先人的功勋与祖德，希望后辈晚生能够在追思忆祖的时候培养出孝心来，可是人们一定要杀掉大量动物来做祭品，这样怎能配制出晚辈后生的善念呢？诸如婚礼、宴客、祈禳、营生，无非都是怀有良好心愿和祝福的，希望能生活幸福，一生平安。可是，在杀掉大量动物之后，这些生命心怀怨恨，人们又如何能得到幸福平安呢？

莲池大师在《人不宜食众生肉》一文中写道：“经言靴裘等物皆不应着，以其日与诸畜相亲近也。夫此特着之身外，况食肉则入于身内乎！今人以犬豕牛羊鹅鸭鱼鳖为食，终世不觉其非，何也？夫饮食入胃，游溢精气以归于脾，其渣滓败液出大小肠，而华腴乃滋培脏腑，增长肌肉。积而久之，举身皆犬豕牛羊鹅鸭鱼鳖之身也。父母所生之身，现生即异类矣，来生云乎哉。夫五谷为养，五菜为充，五果为助，内经语也。人之所食也亦既足矣，而奚以肉食为？既名曰人，不宜食肉。”

这是说，以动物毛皮制作成的皮靴皮衣一概不能穿着，因为使用穿着这些东西，就等于是每时每刻与畜类接触。动物毛皮制作的衣物还只是用在身外，尚且如此禁止，更何况是食用动物的肉呢！我们把动物的肉吃到肚子里，再经过消化吸收，这些动物的肉就和我们自己混为一体了。现在这一世，就已经是人与动物的混合体，更不要说来世怎样了！按照《黄帝内经》上的说法，我们平常食用五谷、五菜、五果就足够了，又何必再去食用动物的肉呢？人应当存有仁爱之心，如今为了自己的口腹欲望就杀害动物，夺去它们的性命，大家于心何忍呢？仁爱恻隐之心，这是人人本来就有的，因此，还是常怀善意，勿再食肉吧！

关于莲池大师，还有这样一个故事，听来十分有趣：

某一日，莲池正在自己房间里书写十善行，这十善行就是做人的根本准则：不杀生，不偷盗，不邪淫，不妄语，不恶口，不两舌，不绮语，不贪欲，不瞋恨，不邪见。

此时，弟子跑来说："师父，门外来了一个游方僧，请求见您。"莲池大师便应允了。这个游方僧见到莲池大师就说道："据说禅是无一事可褒，无一物可贬，现在你书写这个十善行，能有什么用呢？"

莲池大师答道："五蕴缠绕无止境，四大奔放无比拟，你怎么能说没有善恶呢?"

游方僧不服气，又反驳道："四大本空、五蕴非有，善恶诸法毕竟不合禅意。所谓四大，不过是指人或其他事物，都是由地、水、火、风四大元素和合而成的。五蕴就是指色、受、想、行、识的五种积聚体，其实不过是我这个个体的代名词。"

莲池大师回答说："在这世上，假装懂事的人很多，按照你的说法，你也不是真的东西吧？在善恶之外，我们可以再说些其他的事情吗?"

游方僧满面怒气，想要反驳，却无处开口。莲池大师见状劝说道："为什么不把你脸上的污秽拂拭了呢？"

莲池大师用脸上的污秽比喻游方僧心头的怒气，心头的嗔恨假如不及时去除，必定会给自己的心灵增添无比困重的负累。

莲池大师（袾弘）尽管在教外提倡儒佛合流，同时也认为儒佛两家毕竟属于不同的思想体系，有着不同的社会功用，尽管在一定程度和某些方面有相通之处，但没必要人为地使二者合一，更指出儒佛二教在辅助王政方面起到一隐一显的不同功能。

作为明代四大高僧之一，莲池大师倡言禅、教、净合一，并强调参禅、持戒与诵经，最终都还是要归于净土，唯有一心念佛，才可迅速出离世间痛苦。关于莲池度生的传说故事，在民间流传甚广，而莲池大师不仅作为明末一代高僧被后人怀念，他的德行和教法，更是给广大众生带来了解脱心灵的帮助。

德清：禅净双修　三教融合

德清（1546—1623年），即历史上著名的憨山大师，德清原本是他的法名，为明代四大高僧之一，为中国近代禅宗之大成就者。憨山大师俗姓蔡，全椒人（今属安徽）。

憨山自幼便在寺庙中读书学习，因为难以忍受学业的繁重，因而羡慕其整日诵经礼佛的僧人，向往这种清静无忧的寺院生活。19岁时，憨山出家至栖霞山学习禅法，后来又学了净土宗的念佛法门，在学有所成之后，憨山大师开始云游各地，并于万历元年来到了五台山，因为他喜爱五台山秀丽瑰奇的风景，尤其倾心于憨山的雄起多姿，于是就给自己起了“憨山”这个名号。这云游访学期间，憨山跟从华严、唯识、禅宗诸宗派的名僧大德学习，因此能广泛汲取各宗的理论成果，从而融汇诸家学说。

万历二十三年，因为一场政治风波，憨山被捕下狱，期间遭受各种酷刑，之后又以私自修建寺院的罪名被流放到岭南。在将近20年的流放生涯中，憨山德清从未间断过弘法事业，而且还得到了当地地方官员的支持。在地方官员的帮助下，他修复了曹溪南华寺，选取僧人，设立僧学，订立清规，仅仅用了一年时间就使南华寺香火繁盛。在得到朝廷大赦之后，憨山德清离开广东，又开始了四处云游、宣讲教义的生活。天启二年，即1622年，憨山回到了曹溪，一年以后于此地圆寂。憨山德清的主要著作有《华严境界》1卷、《楞严通义》10卷、《法华通义》7卷、《观楞伽记》4卷，《肇论疏记》3卷、《憨山绪言》1卷。

憨山德清倡言禅、教、净互为融合，而对教外则提倡儒释道的融合。他尤其反对一些禅门宗人离教而参的做法，并对此种修法提出了批评，他说：“佛祖一心，教禅一致。宗门教外别传，非离心外，别有一法可传，只是要人离却语言文字，单悟言外之旨耳。今参宗人，动即呵教，不知教诠一心，乃禅之本也。但佛说一心，就迷悟两路说透；宗门直指人心，不属迷悟，要人悟透，其实究竟无二。如来藏中，求于去来、迷悟、生死，了不可得，此岂属迷悟耶？……是知教说一心，所多者凡情圣解耳。参禅顿破无明，是绝凡情也；

悟亦吐却，是绝圣解也。斯则禅呵知解，而教未尝不呵也。今参禅人，从教回心者不能忘知绝解，提话头不能忘情绝迹，皆在所呵，何其毁教为不足耶？今弃教参禅者，果能先解本无凡圣，不属迷悟，是为见地。……若存丝毫情见及玄妙知见，总是未透，皆生死边事，岂可便以为得耶？今无明眼知识者印证，若不以教印心，终落邪魔外道……”（参见憨山德清《憨山大师梦游全集》卷六）假如不能契入教理，那么再多的呵祖骂佛也对于解脱又有什么帮助呢？如果离教而参，不仅得不到祖师的印可，而且和堕入外道邪魔也没什么区别。因此憨山德清普劝参禅悟道者，禅教一致，禅教不离，离教而参的做法不仅不能获得开悟，而且还容易让人丧失心智，乃至越参越迷。

憨山德清还用真心一元论来统摄儒、释、道三教。“佛说三界上下法，唯是一心作”，心是万物的本原，而这个真心本自清净无染，不沾杂尘，只因为妄想无染而至苦恼丛生，儒释道三教的学问，不外都是为整治自心而做。“为学有三要，所谓不知《春秋》，不能涉世；不精老庄，不能忘世；不参禅，不能出世。”（参见憨山德清《憨山大师梦游全集》卷三九）入世、忘世、出世这三种方法调节人们的心理，使之时刻保持平衡。

憨山大师为了警醒世人，使人们能够在日常生活中调整心态，平衡自心，还以通俗易懂、新颖活泼的文字写成《醒世咏》一篇，为的就是给人们指出一条解脱大道，实现内心的清净坦然，而不会被生活中的磨难、烦恼所困扰、束缚：

红尘白浪两茫茫，忍辱柔和是妙方。到处随缘延日月，终身安分度时光。
休将自己心田昧，莫把他人过失扬。谨慎应酬无懊恼，耐烦作事好商量。
从来硬弩弩先断，每见钢刀口易伤。惹祸只因搬口舌，招愆多为黑心肠。
是非不必争人我，彼此何须论短长？世界由来多缺陷，幼躯焉得免无常？
吃些亏处原无碍，退让三分也不妨。春日才看杨柳绿，秋风又见菊花黄。
荣华终是三更梦，富贵还同九月霜。老病死生谁替得？酸甜苦辣自承当。
人从巧计夸伶俐，天自从容定主张。谄曲贪嗔堕地狱，公平正直即天堂。
麝因香重身先死，蚕为丝多命早亡。一剂养神平胃散，两盅和气二陈汤。
生前枉费心千万，死后空留手一双。悲欢离合朝朝闹，富贵穷通日日忙。

休得争强来斗胜，百年浑是戏文场。顷刻一声锣鼓歇，不知何处是家乡。

憨山德清劝世人要做到忍辱柔顺，不争夺，不执着，如此便能随缘又自在，不会捆绑心上的灵光。憨山大师通篇诗作，既有关于道德修养上的规劝，如勿要宣扬他人的过失，待人接物时要谨慎而谦虚，不要搬弄口舌是非等，同时也有很多禅机禅理。生老病死无人能够代替，修行证悟也是如此。人世匆匆，功名富贵也终究是如同梦一场。人生如此短暂，而荣华富贵终究也不能带走，整个人生不就是个“戏文场”吗？我们是自己生活的导演，我们也是演员。既然是戏文场，就总会有曲终人散的时候，而茫茫大地，哪里才是真正的家呢？何方才是真正的皈依之所呢？

从这篇《醒世咏》中也可以见到憨山德清对自己一生命运起伏的感怀。憨山德清早年因政治风波而殃及自身，本是要做那弘法利生的事业，没料到却使自己身陷囹圄，遭受种种刑罚。在之后的流放岁月中，德清禅师不仅没有意志消沉反而更是豁达从容，即便是被流放，他依然没有忘记自己最初的抱负是要担当起如来利益众生的重任。在二十多年的流放生涯中，反而是德清佛事活动最有成果的时期，振兴南华寺，弘法传道，将佛法智慧更深入地播种于广东，而禅宗由此又开始兴盛起来，这不能不说是佛门的一件幸事。

憨山德清在这篇《醒世咏》里既写到了如何调节自己内心的平衡，也讲到了如何调整自己与他人之间的关系，而这其中滋味很是值得当今人们来品尝再三。

圆悟：心是本原　佛性纯然

圆悟（1566—1642年），俗姓蒋，号密云，江苏宜兴人，明末临济宗高僧，谥号“慧定禅师”。他年少时本来以务农为生，在26岁时因为读《坛经》而略有所悟便生起出家悟道的心思，30岁离开妻儿出家修行，投于幻有正传的门下，乃德宝的再传弟子。圆悟40岁时得到正传的印可，46岁便得其衣钵，52岁开始讲经弘法。当时仰慕他的人很多，一些王公贵室、大臣名士也纷纷投其门下，剃度弟子有三百多人，其中比较有名气的除了破山和尚之外，还有汉月法藏、费隐通容、木陈道忞等人，这些皆是明清之际的高僧。

圆悟自小就表现出和其他孩子不同的秉性：不喜欢喧哗，也不喜欢玩耍，终日里都如同凝然思考的样子。进入乡塾之后也不喜欢读书，只喜欢写写大字而已。年龄稍长便开始诵念佛号，之后因缘成熟，便落发出家，来到正传的座下。

正传看出圆悟天资过人，不同凡俗，以后必定有一番作为，因而便刻意地对他多加锤炼，命令他在寺庙里担当各种杂役，劈柴、挑水、放牧、耕作，这些事情圆悟都做过了。其实这些都是正传对圆悟的磨炼，以此来试探他的信愿是否坚定。在此期间，圆悟的表现让正传很是满意，于是两年后便正式为他剃度。可是在出家之后的前三年里，圆悟依然从事繁重的体力劳作，同时他又从这各种日常杂役中体悟着禅道的妙处。只是不论他怎么参究，始终也不能得到禅门要领，因此就向正传请教，可是无论圆悟如何前来求教，正传都是以严厉的态度斥责他一番。圆悟参究不得结果，心中抑郁非常，终于一病不起，连续几天都倒在床上，待病愈之后，圆悟便向正传请求闭关参禅。

某天，正传来到圆悟的闭关处，圆悟正在自言自语着有心与无心的禅理。正传禅师在外面说道：“你既然有心，那就把心拿出来吧！”

圆悟听后便呈上一首佛偈，道是：“自心本自心，心不自自心，心不非自心，心心即自心。”

正传说：“心不自心，自心非心，有无既非，无自心耶。”

圆悟便又呈上一偈说：“心心即自心，有无皆自心。有无皆自心，无心无自心。”

正传听罢便说："今日张渚买两把青菜来，无个大萝卜头。"

圆悟说："我在关房不知，谢和尚三拜。"

正传在关外说道："你终究还没有大彻大悟呢！"说罢，便径直离开。

在三年的闭关禅悟中，圆悟不时地与正传禅师往复问答，但正传禅师一直也没有给予印可，而圆悟本人也心怀疑虑，只是不知该如何将这禅法继续参究下去。

随后正传法师因事入京，便吩咐圆悟代替他监理禅院的日常事务，因为此时的圆悟还没有得到正传的印可，因此便愈发精进。某一天在路过铜棺山顶时恍然大悟，从前心中的各种疑问瞬间都得以解除。

开悟之后的圆悟禅师率领弟子来到京城，参谒正传。

正传见到圆悟开口便问："一别三年，你可有些什么新的领会吗？"

圆悟答道："有的。"

"那是什么？"龙池正传又进一步问道。

"一人有庆，万民乐业。"圆悟回答说。

龙池正传再说："你现在又来做什么？"

圆悟答："我是专程来见您的啊！"

龙池正传便说："念在你千里迢迢地赶过来，暂且放过你三十棒。"

在经过几次往复问答之后，龙池正传由衷地赞叹道："圆悟此人颇有禅门古德之风，日后定会有所作为。"

圆悟此人生性耿直，从不枉徇私情。在清初时候，他还与自己的弟子汉月法藏发生过一次僧诤。汉月法藏聪颖好学，禅学造诣颇深，而且学贯儒佛，后来写了一部《五宗原》，其思想均与圆悟的见地相左。在汉月法藏死后，圆悟便著《辟妄七书》来进行批驳。汉月的弟子潭吉弘忍见后随之著了《五宗救》，以维护汉月法藏的学说，同时也是为了批驳密云圆悟的《辟妄七书》。在潭吉弘忍死后，密云圆悟又撰写了十卷本的《辟妄救略说》，再次对汉月法藏、潭吉弘忍的学说进行批驳。而这本来是师徒之间的思想交锋，却引起了全国范围的僧诤。这场僧诤，最后在雍正帝的干预下，宣布圆悟胜利并焚毁了汉月法藏等的著作。

钱谦益在《天童密云禅师悟公塔铭》中，称密云圆悟“以真实心，行真实行，悟真实道，说真实法，化真实众”。圆悟在教导弟子时经常以佛门古德高僧的事例来激励大家勇猛精进，而且坚持与大家一起劳作，坚守百丈怀海大师制定的“一日不作，一日不食”的清规。

作为临济宗的传人，圆悟并不认同当时社会上所流行的禅教合一的思想，而对于儒释融合、援儒入禅的做法更是极力反对。他坚持惠能的理论学说，认为心就是万物的本原，并说：“诸佛与众生，本无异相，只缘迷悟，见有差殊。虽有差殊，迷时本体本不曾迷，悟时本体本不曾悟。迷悟都不干本体事。”（见《密云禅师语录》卷五）

真常的佛性永远是清明纯然的，而众生与诸佛的差别就在本心的迷与悟之上。假如众生能够做到自返本心，那么当下就可以见性成佛，哪里还需要念经拜佛？佛性本体圆满自足，心上迷惑时，本体佛性却不曾迷；心上开悟时，本体佛性也不曾悟。这种纯然清明的本体，正是人们最终获得究竟涅槃的根本原因。

而在如何获得“开悟”的方式上，圆悟始终坚持临济宗的以“棒喝”为主的参悟方式。在《密云禅师语录》卷二中，就记载着关于圆悟禅师用棒喝的方式教导弟子获得开悟的一个小故事。

问：“十方诸佛，历代祖师，父母未生前，甚处安身立命？”师便打。“已生后，甚处安身立命？”师复打。“即今甚处安身立命？”师又打。僧转身云：“释迦大师来也，请和尚答话。”师亦打。

圆悟还说这是临济禅的宗旨，如此之开口便打，也是为了激发参禅悟道的学僧减少对师说的依赖，而把参禅真正地变为自修自证的过程。同时也是要用自己的躬亲实践来抵制禅门的一些流弊。

圆悟禅师曾经在许多名刹担任主持，如天台通玄寺、嘉兴广慧寺、黄檗山万福寺、育王山广利寺、天童景德寺、金陵大报恩寺等，圆悟禅师对苏浙闽一带的佛教发展有着极其重要的影响。他的弟子遍及海内外，而且王公大臣也多有皈依者。日本黄檗宗的祖师隐元禅师，被誉为“日本文化的恩人”，而隐元禅师正是圆悟的得法弟子之一。明末清初的禅宗中兴，与圆悟禅师的大力弘传是分不开的。

破山：怖生死心　断一切执

破山禅师（1598—1666年），俗姓蹇，字栋学，号海明，为顺庆府大竹县人，乃豪门世家之后，是明代蹇忠定公的后裔，著名禅院双桂堂的开山祖师，世人称其为小释迦。破山在19岁时感叹世事变幻无常，开始厌弃凡尘生活，决定出家修行。年轻时曾在湖北的破头山中闭关禅修，他发下誓愿要以七天作为期限，不论如何都要在这期限内获得觉悟。而在闭关禅修的最后一天，他发誓说“是否能够获得觉悟，就在今日了！”但是，时近中午时，他居然信步踏出修行的山洞，后来一个不小心竟坠落一块悬岩下面，就在脚腕跌伤的一刹那，他豁然而悟。之后他便走出破头山，一路南行，遍访禅门古宿，得到许多禅师的欣赏，最后来到金粟，归在密云圆悟禅师的座下，并得到老禅师的最终印可。

从幼年时候起，破山就亲见了连年的战乱和民众的疾苦，所见之处无不是累累白骨，而动荡的社会则又使他产生世事如幻不定，变化多端，人力毕竟不可强为的感受。这些动乱和疾苦的岁月，对他以后出家修行产生了重要影响。

据说破山童年时长得形貌端正，似乎生来就有不同于其他孩童的秉性，他不像其他孩子那样喜欢打闹，终日里只是默不做声，尤其反感喧闹的场合。有一天，他偶然听到隔壁的一位居士在家诵念《金刚经》，当老居士念到“若以色见我，以音声求我，是人行邪道，不能见如来”时，竟然也开口跟着念诵起来，在场之人见到后无不称奇。破山的资质算不得聪明伶俐，而且做事只依着自己的性子来，这使家中大人十分恼火却又无可奈何。

在大约10岁时，破山跟小伙伴一起玩耍，却遇到一位仪态不凡、举止安详的云游僧人，这事在其他人眼中也许并没有什么，可是破山却觉得像云游僧这样自由自在的生活才是自己真心向往的。破山13岁时，根据当地的传统风俗，父母为他主持了童婚，为的就是能延续家族香火，可是破山从不把生儿育女的事情放在心上，这使他的父母十分不安，因为他们似乎已经明白破山心底潜藏的愿望并不是读书为官、生儿育女，而是出家修道，从此与青灯古佛相伴。

就在婚后的第二年，破山的父母均死于战乱，生活的艰难和失去双亲的痛

苦更加深了破山对这无常世事的厌弃感。又过了几年，他把妻子安顿好，自己径自出家了。他先是在大竹县姜家庵的大持律师座下出家。大持律师见破山颇具慧根，是个可造之才，便为他取法名海明，号旭东，希望他能够像朝升的旭日那样，弘扬佛法，把佛门智慧之光带到人间。

在闭关禅修而意外获得觉悟之后，28岁的破山来到圆悟老禅师这里修学，一直到他学成，期间除了参访过湛然禅师外，其余时间破山都在和圆悟禅师学习。经过多年的参学，破山终于得到圆悟老禅师的印可，33岁时破山便在嘉兴的东塔寺传法授教了。

作为禅门传人，破山也继承了人人皆有佛性的理论。他认为世间的每一个众生都有解脱成佛的可能，因此众生都是平等的，不仅人与人之间要平等相待，人与其他众生之间也该和睦共处。破山出生便逢乱世，他尤为不满一些手中握有兵权的人为了一己私利而胡乱砍杀，草菅人命。所以破山经常以出世的身份规劝引导这些派系不同的武装力量，劝他们多为众生考虑，尊重一切生灵，尽量不要大开杀戒给百姓带来痛苦，还劝导他们皈依佛门。而这一点也是后人对破山大师尤为崇敬的原因，据说一代名将秦良玉就是破山禅师的皈依弟子。

破山大师认为，佛性即真如觉性是不能用语言文字来表达的，本有的心性清净无染，因此不该对世间名相概念有丝毫的执着。对于自身心性的证悟，必须通过真切的实践才能获得，那种只在嘴上念着“无为、清净、放下”的做法，根本不能实现心灵的解脱和佛果的体证。破山还指出，人们应当以“无生”之心来体悟世间一切法，这种无生智慧可以领悟到世间一切法，不过是暂时生起终究不会永恒存在的，因此这种无生智慧既可以对治一切烦恼，也可以消除一切烦恼。

破山大师还提出一种不同于以往禅门教法中的“怖生死心”的说法。破山所倡言的“怖生死心”，立足于现实生活中的一切病痛、烦恼、忧苦等，并告诉世人面对这些痛苦和烦恼，不应该躲避或逃避，而是应该正视它们。唯其有了正视，才能产生对于烦恼和苦痛的正确认识，也才能产生出强烈的出离六道轮回的心愿。以这样的心愿作为精进修持的动力，往往能让人对生命有着更为

深刻的体认。

在契悟自心本性的修行实践方面，破山主张应该用不加分别的心来打断执着和妄念。迷与悟，本就是是否能够解脱生死的根本。而强烈的执着、妄念、都是不能解脱生死的原因，这些执着与妄念，全是分别心造作的。因此，泯除分别心在修证的过程中就显得尤其重要。

为了能够快速地契入正理，破山认为不应该拘束于以何种形式来修行。不论是在家修行，还是出家修行，其实都不重要。出家者，若没有一颗安宁清净的心，无论如何打坐、诵经，对于解脱生死也是了无益处的。修持方式是多种多样的，人们只需要选择适合自己的就好，没必要跟着别人学，或者执着在某一种参禅的方式上。

生逢乱世的破山大师在多年的修行中亲见百姓们所受到的各种痛苦，而一些修行人宁愿选择独守空山、独善其身，也不肯承担起如来解救众生的事业，这也是使破山和尚最为痛心的事情了。大乘佛法弘扬的是利他度众的菩萨事业，因此破山经常对身边弟子说，不能只图自己内心的安宁而不面对现实世界的残酷，更不能无视民众的苦痛。正因为如此，破山和尚才敢于面对那些手握兵权而连年发动战争的人们，并苦心规劝他们慈心爱物，尽早放下手中武器，考虑一下百姓的生活。而破山和尚破戒止杀的故事，更是他许多护生故事中的一个。

在明朝末年，张献忠四处烧杀，每攻下一座县城，就必定会将里面的居民全部处死，从来不留活口。某一年，其部下李定国攻下了一座县城，按照惯例又要屠城。破山禅师听说之后便挺身而出，劝导李定国不要再做如此伤生害命的事情了。李定国觉得十分好笑，心想："我是手握兵权的人，千万人的生命都在我的掌控之中，你一个和尚如何敢来规劝我呢？"不过他也由衷地钦佩破山禅师的胆量，便令人端来猪牛羊肉等荤腥食物，他说："只要你破山和尚吃了这些荤腥，我李定国就不再伤生害命。"

谁知破山和尚没有片刻地犹豫把端来的肉食拿起就吃，还说："我为了这万千条生命，哪怕就此破戒也在所不惜！"李定国被破山和尚所深深感动，从此之后便收起刀剑，再不做出杀人的事来。

破山以自己的实际行动告诉大家，开悟者也是不离人间的，应当挑起如来的弘法事业，更要慈悲众生，绝不能因为自己获得开悟而远离人世、远离众生，甚至不顾念众生的疾苦病痛。

对于未曾出家的居士佛弟子，破山禅师教导他们应当在持家生活中体悟禅道，更要尽到家庭成员的义务和责任，不能因为禅修而不劳动、不照顾家人。为了培养佛门人才，破山还倡导打破门户之见，并倡言禅教律圆融一体的观法。由于他对弘法事业所作出的贡献，以及作出的各种利生事业，使得破山海明的法号上至朝廷、下至民间，都备极尊崇。

破山海明禅师不仅身挑临济、曹洞两个禅门宗派，而且还是当时知名的诗人、书法家，作为一代禅门巨匠，破山老禅师弘法精进，广招门徒，推动了僧伽教育，影响了当时的社会文化发展，而他独有的观修教法，更是为后期禅宗的发展注入了灵动和生机。

智旭：诸宗调和　佛儒一致

智旭大师（1599—1655年），俗姓钟，字藕益，江苏省吴县木渎镇人氏。为明朝净土宗九祖，自号为八不道人。智旭的父亲本是一位虔诚的佛教信徒，名叫钟岐仲。智旭从小生活在一个佛教化的家庭中，经过长时间的耳濡目染，他自然也是不好荤腥而喜欢素食。

少年时代的智旭曾跟随私塾先生学习儒学，把儒家经典奉为圭臬，并一度对佛教思想多有抵触，并一连写了十几篇《辟佛论》，以表达自己从儒受教的决心。但是在17岁时，智旭偶然阅读了袾宏（即莲池大师）所作的《自知录》和《竹窗随笔》，才开始转变了对佛教的看法，由最初的“誓灭释老”而为归信佛教，并且把自己过去所写的《辟佛论》全部投到火盆里。

在笃信佛法的父亲去世后，他于居丧其间跟随别人称念《地藏菩萨本愿经》，本来是想尽一下自己的孝心，但是因为这个因缘，智旭由此萌生了出家事佛的想法；22岁时，藕益开始一心称念佛名；23岁时，效仿阿弥陀佛，发四十八大愿，并自称为大朗优婆塞，之后因为听讲《大佛顶首楞严经》而有所悟，并更加坚定了出家的志愿；24岁的一段时间里，他接连三次都梦到德清法师，但因为德清法师和他相距甚远，所以就跟从德清法师的弟子雪岭法师剃度出家，取法名智旭。

明熹宗天启二年的春夏之交，智旭在云栖寺里听讲《成唯识论》，因为这里所讲的佛理和《大佛顶首楞严经》有矛盾，所以他心中生起疑问，在请教法师这个问题时，被告知“性相二宗不许和会”，但是智旭心中的疑问不但没有丝毫减少，反而生了更多问题。为了破解心中的疑问，智旭独自来到杭州西北的径山坐禅，一直到第二年的夏天，智旭方才觉悟到性宗和相宗，其实在本质上并没有矛盾冲突，并自觉已经参悟到性相二宗的义理。

智旭26岁于袾宏的佛塔前受菩萨戒，自27岁起，开始研修律藏。但是不久之后，他听说母亲病重，生命垂危的消息，孝母心切的他就学着古代先贤的做法，从自己的手臂上割下肉来，和草药一起煎煮，以期望能医好母亲的病。可是，慈母毕竟年事已高，大限已到，未等智旭好好报答母亲的生养恩情便驾鹤

西去了。

在给母亲治丧之后，智旭就在吴江开始了闭关习禅的生活，发誓一定要大彻大悟，以此来报答父母的养育恩德。不过，这闭关坐禅的生活刚刚开始，智旭就生病了，而且情况十分严重，但这没有动摇他求法觉悟的信念。为了能够往生净土，智旭在身体稍有康复之后便开始修持《往生净土咒》，如此坚持了七天七夜，忽于某日心下有所感悟，于是做了一首长偈：

稽首无量寿，拔业障根本；
观世音势至，诲众菩萨僧。
我迷本智光，妄堕轮回苦；
旷劫不暂停，无救无归趣；
劣得此人身，仍遭劫浊乱；
虽获预僧伦，未入法流水；
目击法轮坏，欲挽力未能；
良由无始世，不植胜善根；
今以决定心，求生极乐土；
乘我本愿船，广度沉沦众。
我若不往生，不能满所愿；
是故于娑婆，毕定应舍离；
犹如被溺人，先求疾到岸；
乃以方便力，悉振暴流人。
我以至诚心，深心回向心；
燃臂香三柱，结一七净坛；
专持往生咒，唯余食睡时；
以此功德力，求决生安养。
我若退初心，不向西方者；
宁即堕泥黎，令疾生改悔；
誓不恋人天，及以无为处；
折伏使不退，摄受令增长。

在佛偈中，智旭认为只有依靠阿弥陀佛和观音、大势至等菩萨的威神誓愿才能使苦海中的人们得到解脱，卸下轮回重担，同时也表达了他希望及早开悟，以慈悲心去化度十方众生的迫切心情。

在有所参悟之后，智旭又前往如今的浙江普陀山去参拜观世音菩萨的道场，参拜回来之后便来到龙居寺，担任住持一职。

由于早年修学的过程中见到当今禅宗的一些流弊，对佛教的发展有很多不利影响，智旭决心弘扬律宗，为此他还撰写了一部《毗尼集要》，之后由于在佛祖像前明表志愿时拈到了写有“天台宗”字样的木签，于是他又开始全心参悟天台宗的教义。

由于不满当时禅教诸门故步自封、抱残守缺的状态，智旭大师便立志要让自己的思想做到“融汇诸宗，归机净土”。智旭一生修学华严、天台、净土、唯识以及禅宗、律宗等诸宗教义，真可谓是诸宗调和，并且主张禅、教、律圆融，释、道、儒三教合一，更难得的是大师还研究基督教，因为智旭大师所研习参究的门类很广，所以其著述范围亦十分宽泛。智旭大师的一生著述，可达四十余部，著名的有：《楞严经玄义》《法华文句会议》《楞伽义疏》《唯识心要》等。而藕益智旭的代表性著作《佛说阿弥陀佛要解》，则被印光大师誉为“即使古佛再来，给阿弥陀经做个解释也不能超出其上”。

“何谓教？何谓宗？语言设施之谓教，忘情默契之谓宗。故宗也者，虽云教外别传，实即教内真传也。”（藕益智旭大师著《灵峰宗论》卷六）智旭认为禅宗反对拘泥于经典文句，并以“教外别传”来标榜自己的与众不同，可是禅宗的灵魂却恰恰在于其教内真传之中。当时的僧团队伍因为疏于戒律管理而导致了很多腐败行为，不仅给佛教本身造成了很多负面影响，而且也极大地动摇了清净佛门在百姓心中的地位。针对这种情况，智旭怒斥道：“今时丧心病狂无耻禅和，影响窍掠，听其言超佛祖之先，稽其行落在狗彘之下。”那些披着法衣的“出家人”，他们说得天花乱坠，似乎比佛祖讲的还有道理，可是再看看他们的行为，简直连猪狗牲畜都不如。为了恢复佛门清誉，智旭尤其重视戒律在出家僧众中的作用。

“禅、教、律三，同条共贯，非但春兰秋菊也。禅者佛心，教者佛语，律

者佛行。……不于心外别见觅禅教律，又岂于禅教律外觅心。如此终日参禅、看教、学律，皆与大事大心正法眼藏相应于一念词。”（参见藕益智旭大师著《灵峰宗论》卷二）

禅能帮助我们发现佛性的灵明，教能帮助我们领会佛的言语教诲，而律则能让我们与佛的行为相同一。这三者缺一不可，它们都是解脱生死、超离轮回所必需的。而参禅、看教、学律，最终也是要归于净土。而修习净土念佛法门的要诀则在于要做到具有“真实信心”。智旭说：“第一要信我是未成之佛，弥陀是已成之佛，其体无二。次信娑婆的是苦，安养的可归，炽然欣厌。次信现前一举一动，皆可回迴西方。”智旭所倡导的净土信仰是以信为主，他引导僧俗众生首先就要对自己生起无比的信心，认定自己就是未成的佛，并觉知到自己和弥陀诸佛所不同的仅仅是成佛时间上的先后次序，而在体性上则是无有差别的。从这里也可见出禅宗的一丝痕迹。智旭还要大家看到娑婆世界是充满苦痛、不得安乐长养的地方，而应该及早发愿，尽早往生到阿弥陀佛的净土世界，假如能有强烈的出离心，那么必定能够用精诚的意志来坚定自己的信仰，并努力实修。而不论现前你的举动如何，只要有真诚的信仰，便可在临命终时往生净土世界，即便是那些没有足够修行的人，也可以带业往生。

由于智旭早年学习儒家经典，因此他也极力推进儒释之间的理论融合，还试图佛化儒学，以佛释儒。他所讲的真如缘起论，其实质与儒家理学中的“人心”与“道心”便有一些相似的地方。人心是迷乱之心，而道心则是清净光明之心，类似于佛性。迷乱时的是人心，而彻悟时的便是道心，然而这迷与悟其实都是在一心之内，一体之中。

为了进一步佛化儒学，智旭还用佛教的理论来阐释儒家思想中的孝道、五常、忠恕、尽性等道德范畴，而智旭在进行了一番论证之后，他告诉世人：“儒之德业学问，实佛之命脉骨髓。故在世为真儒者，出世乃真佛。”儒与佛没有任何不同，只不过前者是在世，而后者是出世。佛与儒之间的差异由此而打通，出世与入世成为一个水乳交融的整体。

智旭大师早年时曾游历过江西、浙江、安徽、福建等地，他弘法阅经、培养弟子，讲经著述，直至晚年仍孜孜不倦弘传佛法。清顺治十二年一月，智旭

大师绳床之上，结跏趺坐，举手向西冥然而逝，享世寿56岁。大师生前有愿，希望在火化之后能将所得之物，悉皆施于禽类鱼类，以此广结善缘。可是弟子们毕竟不忍按照法师的遗愿行事，将智旭法师的灵骨供奉于灵峰塔大殿之中。

真可：心为本原　心性本净

真可法师（1543—1603年），俗姓沈，字达观，号紫柏，江苏吴仁人。少年时性情刚烈、相貌不群，壮志非凡，17岁即离家远游，希望能为国家立下赫赫战功而驰名边塞之上，可是当他路过虎丘的云岩寺时，忽然听闻里面的僧人在诵持佛号，心中偶有感应，于是就来到寺庙里，跟从明觉和尚出家。20岁受具足戒，之后开始了四处游历的生活。行至武塘景德寺，留在庙内专心研习经教；来到匡山，又专心研究相宗理论；到了五台山，便又学习华严佛法；到了北京的潭柘寺，就在禅门大德德宝禅师那里参悟禅道。紫柏真可虽没有专一的师承，却学通了诸宗派的思想。他曾立志弘扬禅宗，但又从来都不开坛讲法，于是成了真正意义上的独立于宗派之外的名僧。

明万历年间，真可感觉到梵夹版大藏经不便于携带，毕竟对于他这样到处游历的僧人来说，首先考虑的还是如何能更方便地携带经论。在得到一些官僚士人的资助之后，《方册版》经过多年之后才得以刻成。这样就促进了佛经的流通。万历三十一年，也就是1603年，京城发生了一件案子，是关于废立东宫的《妖书》案，皇帝对此十分震怒，命令严加追查。可怜紫柏真可被仇家陷害，被诬陷为是《妖书》的作者，因此下到大狱之中，在受尽严刑拷打之后依然没有确认的供词，于当年冬季死在了牢狱之中。真可的著述有德清等人编为《紫柏尊者全集》共30卷，《紫柏尊者别集》4卷，《附录》1卷。

教外融合儒、释，教内贯通性、相，可谓是真可佛学思想中的一大特色。明代的顾仲恭在《跋紫柏尊者全集》中如此写道："最可敬者，不以释迦压孔老，不以内典废子史。于佛法中，不以宗压教，不以性废相，不以贤首废天台。"可见，在真可的佛学思想中，不论是儒是释，是性宗还是相宗，是贤首·宗还是天台宗，都处于一种平等的地位上。这些思想交互圆融，而之所以说它们是圆融无碍的，就因为不论是儒家的圣人，还是释道二教中的教主，这些圣人都于自心之上觉悟本心，而他们能够有所成就，就是因为他们比常人更早的体悟到心的妙用。自宋明以来，儒释道三教思想就处于不断融合的趋势之中，而这种高度的互融，既有佛教对理学的影响，也可见出理学对佛教的影响，在

宋代的程朱理学中有“月印万川”一说，即是受到了佛教华严宗理事互融的影响，而在真可的佛学思想里也可以见到陆王心学的一丝痕迹，“天地可谓大亦，而不能置于虚空之外。……故以心观物，物无大小；以物累心，心不能觉。惟能觉者，始知心外无物。”（见《紫柏尊者文集》卷九）其实真可所要传达给人们的道理就是心外无物，离心无外物，心乃万物之本原，而这个理论正是王阳明曾提出过的。

历史上的那些圣人，尽管所属宗教不同，或儒或释或道，但他们都是从不同的角度来阐明本心而已，不同的只是外部形势，而并非是本心实质。“夫身心之初，有无身心者，湛然圆满而独存焉。伏羲氏得之而画卦，仲尼氏得之而翼《易》，老氏得之二篇乃作，吾大觉老人得之，于灵山会上，拈花微笑。”（见《紫柏尊者文集》卷一二）

而在人伦道德上，真可更是将佛门之五戒与儒家的五常做了比附，认为“不杀曰仁，不盗曰义，不婬曰礼，不妄语曰信，不饮酒曰智”。这也可以看做是儒释两家的一个比较一致的地方。

其实，真可也是在为三教同源找到一个更为可靠的理论依据。既然儒释道三教的圣人贤者，他们的本心都是相同的，那么三教之间还需要互相争斗吗？其实自宋代以来，就已经出现了三教融合的趋势，而真可的三教融合理论则是做了更进一步的发展。

而在佛教内部，不论是性宗、相宗，还是律宗、禅宗、净土等诸教派，在心上找到共同点。“宗、教虽分派，然不超乎佛语与佛心。传佛心者，谓之宗主；传佛语者，谓之教主。”（见《紫柏尊者文集》卷三）

真可还以水和波之间的关系来比喻性、相二宗。“法相如波，法性如水。后世学者，各专其门，互相排斥，故波之与水不能通而为一。”（见《紫柏尊者文集》卷一四）

性宗即是法性宗，认为众生本自清净，强调如来藏的妙用，一般认为三论、华严、天台、密宗为性宗。相宗是指法相宗，此宗强调一切诸法存在着差别，相宗主要包括唯识宗、俱舍宗。历来的佛教界都只注意到性宗与相宗之间的差别，而真可却认为法性如水，法相便是波。尽管法相会因为不同的外缘而

呈现出不同的相状来，但其本质都是和水一样的。由此，真可打通了性相二宗之间的差异。只不过，真可依然认为性为相本，好比波只是水的不同形态的变化。

在修持方法上，真可极力劝道世人要一心念经，尽心研习佛教经典，他本人在唯识、华严、天台诸宗经典上都有着自己的建树，而且还能显出新意。他把外部的一切问题都归之于自心自性，劝导世人走内在超越的道路。

作为明代四大高僧之一，紫柏真可因为他人诬陷而被陷害致死，如若能平安存世，定能为佛教界贡献更多。“一笑由来别有因，那知大块不容尘。从兹收拾娘生足，铁橛花开不待春。”这是真可留给世人的最后一句话，据说在受尽酷刑之后，真可依然面无惧色，于万历三十一年十二月含笑端坐，阖然而逝。

实贤：莲宗祖师　净土诗圣

实贤法师（1686—1734年），俗姓时，字思齐，号省庵，江苏常熟人。15岁出家，24岁受具足戒，因偶遇一突然逝去的僧人而发奋要精进修习，从不懈怠，每天只进食一次。后来拜谒绍昙法师，随他研习《楞严经》《摩诃止观》等书，关于性相之学以及三观十乘的要旨，他都很精通。学成之后，实贤住在杭州的梵天寺，一心修持净土法门，其修行仪规十分严整，江南的僧俗信众都十分尊崇他。实贤法师还作有百首净土诗歌，此外还有宣扬净土信仰的著作，《劝发菩提心文》《净土诗集》《省庵大师语录》《省庵法师遗书》等都是实贤大师弘扬净土宗思想学说的代表性著作。在社会上产生了极大影响，被人们尊奉为“莲宗十一祖”。

实贤法师出生于一个世代书香之家，但奇怪的是他生来就不喜荤食，而且从小就聪慧异常，生就一种离尘去俗的气质。由于父亲早早就去世了，他只好与母亲相依为命，而其母张氏料知实贤以后必定走上出家修行之路，索性遂了他的心愿。于是年仅7岁的实贤就被母亲带到清凉庵的容选和尚那里，跟随他学习佛门教规，同时也学习儒家经典。由于实贤自小就在寺院中学习，这便为他日后的弘法事业打牢了根基，他能写诗会作赋，博通佛儒学说而且精通书法。

尽管实贤与佛缘甚深，但他一日也没有忘记父母的生养之恩，在母亲亡故之后，实贤用了49天时间跪在佛像前诵持《大方便报恩经》，每年到了亡母的忌日，他必定诵经回向，为母修福。

偶然的一天，实贤来到善仁寺，不想却看到一位正在行走的僧人好端端地就扑倒在地上去世了。这件事对实贤的触动十分强烈，正值青年的实贤感受到生死之无常而迅疾，从此之后便更加严格地要求自己，他精勤修习，严持戒律，遍访名僧高士。他曾跟随绍昙法师、灵鹫和尚等学习佛法，并在真寂寺闭关修行圆满之后升坛开讲《法华经》，以过人的口才和圆融的教理博得僧俗众人的赞许与尊敬。

在《劝发菩提心文》中，实贤大师认为入道的要领，首先就是要有纯善的发心，“愿立则众生可度，心发则佛道堪成”。可见，在修学的过程中实贤十

分看重愿心的重要性，发心立愿，这是能够得以出离轮回苦海的先决因素。假如发心不纯、愿心不坚，那么虽然平日也有所修行，但总是徒劳辛苦，也很难最终得到正果，出离生死，白白地浪费了宝贵光阴。因此，先发菩提心，立正愿，才能继续修行。

“然心愿差别，其相乃多；若不指陈，如何趋向？今为大众略而言之。相有其八：所谓邪正真伪大小偏圆是也。云何名为邪正真伪大小偏圆耶？世有行人，一向修行，不究自心，但知外务：或求利养，或好名闻，或贪现世欲乐，或望未来果报。如是发心，名之为邪。”虽然都是在发愿，可是差别却有很多。那么如何来判断自己所发心愿是否正确呢？实贤法师在文中用“邪、正、真、伪、大、小、偏、圆”这八种性相来区别所发心是否正确，是否符合佛教的正道。

如果有人只知道向外寻求，而不知内观自心；或者只求名闻利养，贪求现世的享乐；或者希望做了善事之后能够早日得到善果，这些发心，都是偏邪的。

“既不求利养名闻，又不贪欲乐果报，唯为生死，为菩提。如是发心，名之为正。”如果世间有人不求名闻利养，也不是为了贪图欲乐享受，只是为了生死大事，那么这就是菩提心。假如能用这样的发心来修行，就是符合佛教正道的。

只有“去邪、去伪、去小、去偏，取正、取真、取大、取圆”这样的发心才能称得上是真正法菩提心，是符合佛教正道的。而这种菩提心，也是有一定因缘才能发起的。这些因缘就是“一者念佛重恩故，二者念父母恩故，三者念师长恩故，四者念施主恩故，五者念众生恩故，六者念生死苦故，七者尊重己灵故，八者忏悔业障故，九者求生净土故，十者为念正法得久住故。”我们不仅要感念佛恩、父母恩、师长恩、施主恩以及一切众生的扶持辅助之恩，也要忆念生死轮回之苦，尊重那些亡故之人，不断精进修持，忏悔自己以往的一切业障，然后发出求生净土的心愿，进而感念正法，愿其长住自己心中。

为了鼓励世人能够精勤修行，老实念佛，实贤大师要大家务必要对自己生起无上的信心，“勿言一念轻微，勿谓虚愿无益；心真则事实，愿广则行深。

虚空非大，心王为大；金刚非坚，愿力最坚”。假如心愿真诚，则成就佛果一定会指日可待。天地之间，最重要、最可贵的便是人的心灵，最坚固、最无畏的也便是愿力了。

实贤大师为了能更加广泛地弘扬净土宗旨，使更多众生得到生死解脱，往生净土，他在雍正七年（1729年）创立了专修弥陀净土的团体——莲社，汇集有志于往生净土的同修，以及社会各界的信愿念佛者，共同立下誓愿，尽此形寿以为期限，将每日必做的功课分为二十分，十分用来持名念佛，九分作弥陀观想，一分用作礼拜忏悔，如此夜以继日、精进不息。

清雍正十一年，即1733年，这一天正是释迦牟尼佛成道日，大师自觉体力不支，便告诉僧众：“明年的四月十四日，我将离开大家，往生去了。”在这之后，实贤大师在寸香斋室闭关静修，昼夜持念佛号十万声，第二年四月十日出关，他再次召集僧众说道：“十日之前，我看到西方三圣现身于虚空之中，如今又见到他们，我知道，我将要往生净土去了。”

一年轻侍者恳请大师留下遗训，实贤大师蔼然说道：“身在华中佛现前，佛光来照紫金莲。心随诸佛往生去，无去来中事宛然。”四月十三日，实贤大师停止一切饮食，终日里也只是闭目端坐，十四日开始沐浴更衣，之后便在室内面向西而结跏趺坐，到了巳时，远近僧俗纷纷来到梵天寺，大家悲泣不已，请求老法师不要舍弃众生，能够再次乘愿来世间度生，实贤大师缓缓地告诉大家：“我将要往生净土了，在生死大事中，你们只要用清净至诚的心来念佛就可以了。”话音刚落，便双手合十，安然西去。

实贤大师一生度众无数，广劝众生发心修学求道，鞭策僧俗两众要精进修行，切勿错过了好光阴，一定要以坚固的信愿专心念佛，当时人们都称其为“永明延寿大师”乘愿再来。及至实贤大师圆寂之后，他的慈悲和仁爱也为世人所颂扬，而他为净土宗的发展所作的贡献也被后世弟子们所牢牢记住。

际醒：禅净一如　融通自在

际醒法师（1741—1810年），俗姓马，字彻悟，号梦东，河北丰润人，幼年时就聪慧过人，曾学习儒家经典，并立志以此为业，对于子、史、经、集均十分精通。在22岁时，际醒生了一场大病，在重病中感悟到人生之虚幻无常，病愈之后，就发心出家，来到房山县的三圣庵，在荣池法师座下剃度。次年来到岫云寺，在恒实律师座下受具足戒。第三年，在香界寺的隆一法师那里听讲《圆觉经》，从中领悟到宏深大义。际醒还在依增寺慧岸法师那里学习了法相宗的深奥义理，又在心华寺的遍空法师那里，听讲《法华》《楞严》《金刚经》等诸大乘经典，领悟到圆融无碍的理事法门。在四处巡游、遍访名僧大德的学习生涯中，际醒对于性相二宗皆能贯通，毫无滞碍。

乾隆年间，际醒来到北京广通寺粹如禅师门下参禅，并得到老禅师的印可。在开悟之后继承其法嗣，被时人称作是临济宗36世、磐山7世宗师。在老禅师迁居万寿寺之后，际醒就担任了广通寺的住持，他率领僧众弟子专心修道，从不懈怠，14年精勤修习如一日，其德名传遍大江南北，赢得了当时僧俗信众的一致敬仰，禅风由此开始大为振兴。同时，际醒禅师又效仿净土六祖永明延寿大师，开始禅净双修的修行法门。

乾隆五十七年，际醒迁居到觉生寺，在该寺担任住持共有8年，期间他在寺庙里开设了涅槃堂、安养堂、学士堂。一方面能够使年老体弱者有所归养，另一方面使初学佛者便于修习、参悟。

嘉庆五年（1800年），际醒居于北京红螺善资福寺，归心净土法门，每天必定念诵10万声弥陀法号，追随他的人很多，于是此地便发展成为北方净土宗的著名道场，“南有普陀，北有红螺”的说法就此传开。他每日接待香客，帮人解答疑问只有一炷香的时间，除此之外，就唯有日常起居和念佛礼佛了而已。此时的际醒大师，已经是一鬅鬅老者，可是寺庙内的一切劳作，诸如挑水担柴、洒扫庭院等，他依然和众僧人一起担当。嘉庆十五年，际醒觉得身体抱有小恙，料知自己和众生的缘分已然尽了，便让僧众共念佛号，并且安排弟子松泉继任住持。他教导大家要重视净土宗的念佛法门，认为这是要解脱轮回苦

海的最为简便易行、安全稳妥的修习。际醒大师示寂那天，他不住地对身边弟子说，已然看到了弥陀净土以及观音、势至、文殊等诸位菩萨大士，随后出现了阿弥陀佛亲来迎接，他最后留给众僧的话是："称一声洪名，见一分相好。"随后，大师手结弥陀印，自在往生去了，当时众僧都闻到有一种奇异的香气弥散在空中，令人啧啧称奇。

际醒大师门下的众多弟子将大师的遗体供奉七日，其相貌与生前并无二致，依然慈祥而端严，光润而饱满。在荼毗之后，得到舍利子共计百余粒。大师著有《彻悟禅师语录》2卷、《示禅教律念佛伽陀》等。

际醒大师的佛学体证经过是由儒家而入禅宗最后又归于净土的，其修持法门，深受永明延寿以及莲池等人的影响，在禅修的基础上，加以净土法门的修行，而这样的证悟方式，也正应契了永明延寿禅师在"四柬料"中所说的"有禅有净土，犹如带角虎，现世为人师，来世作佛祖。"而禅宗与净土的融合，也说明自从宋代开始的禅净双修法门，一直受到佛门重视，呈现出一种教内诸宗派融合的趋势。

际醒大师十分重视净土宗中信、愿、行这三种资粮，他曾对弟子开示道："我辈修习净业，信贵于深，愿贵于切。以信愿深切，故一切邪说不能摇惹。一切境缘，莫能引转。假正修净业时，达摩祖师忽现在前，令我舍净修禅，可以立地成佛，我不敢从命。即释迦如来忽而现身，谓更有异方便，胜于净土，令我舍此从彼，我亦不敢从教，此谓之深信。假如赤热铁轮，旋转顶上，不以此苦，退失往生之愿。又若轮王胜妙五欲现前，亦不以此乐，退失往生之愿。如此逆顺至极，尚不改所愿，此之谓切愿。" 这就是说，修习净土法门的人，他的信心必须极为深厚，其出离轮回的愿望务必要十分真切，只有如此，才能不被一切外道邪说而动摇了修行的信念；一切外境诸缘，都不会迷乱自己的内心，而自己的信念更不会被外境所转。只要有了深信、切愿与实行，就可以获得成就，往生净土，得大自在。

大师还强调在修净土法门时持有清净心念的重要性，"所谓执持名号者，即拳拳服膺之谓，谓牢持于心，而不暂忘也。稍或一念间断，则非执持，稍或一念夹杂，则非执持。念念相续，无杂无间，是真精进，精进不已，则渐入

一心不乱，圆成净业。”可见，真实的念佛法门不仅要有恒心，有毅力，能坚持，而且要做到以清净的信念来念佛名号，做到不间杂，不间断。这种精进，才是最终成就佛果，获得涅槃解脱的真实途径。

大师认为，能够做到“一心不乱”，才是修持净土法门的重心。真正的一心不乱，是需要修持功夫的，因此际醒大师才不断地提醒僧众们，只有具备了真切的出离心愿，以及对弥陀净土的信心，才有可能坚持下来，才不至于半途而废。而修持净土法门之人，必须要具备这十种信念，“一、生必有死；二、人命无常；三、轮回路险；四、苦趣时长；五、佛语不虚；六、实有净土；七、愿生即生；八、生即不退；九、一生成佛；十、法本唯心。”若能时刻以这十种信念来提醒自己，自然不敢荒废道业，最终可得无量善果。

“真为生死，发菩提心。以深信愿，持佛名号”，这是大师对弟子所做的开示，由这十六字作为基础，际醒大师又演绎出净土法门修持的八大要领：“一、真为生死，发菩提心，是学道通途；二、以深信愿，持佛名号，为净土正宗；三、以摄心专注而念，为下手方便；四、以折伏现行烦恼，为修心要务；五、以坚持四重戒法 ，为入道根本；六、以种种苦行，为修道助缘；七、以一心不乱，为净心归宿；八、以种种灵瑞，为往生证验。”专心求道、一心证悟，本就是为了生死之事，在修持之前需发菩提心，发慈悲众生的心，以这个深切的信心和发愿，不间断念佛名号，才有可能出离轮回之苦。

不论是从际醒大师的开示语录，还是从大师的生平言行来看，他都是佛门中当之无愧的一代宗师，他为近代净土法门的复兴作出了贡献，同时也以自己的言传身教感化了当时不计其数的僧俗信众，为大家找到心灵净土指明了方向。

续法：华严中兴　身经三帝

续法法师（1641—1728年），后名成法，俗姓沈，字柏亭，别号灌顶，浙江仁和人氏。续法自幼出家，9岁拜杭州慈云寺的华严宗僧人明源和尚为师，19岁受具足戒，精通诸经，且能融会贯通，又兼通《四书》《诗经》《易经》等。他曾经向明源请教华严宗和天台宗之间的同与异，明源告诉他："你应当这样考虑，既要看到两者之间的差别，也该看到两者之间的融通之处。"由此续法开始更加广泛地研习各个佛教宗派的经论，又不专独一家，不拘泥一端，通过比较研究，从而更加清楚地洞悉了各家各派的宗旨。

当时华严宗的经疏散乱不整，续法就因此而广加搜集整理，这对华严宗的延续起到了重要作用。他在梵天寺担任住持时，有50多年都专心讲解《华严经》，而身后则留下各种佛学著作有40多种，600余卷，择其要者则有：《华严别行经圆谈疏钞记》十二卷、《楞严经序释圆谈疏》二十五卷、《贤首五教仪》六卷、《遗教经疏》四卷、《佛祖纲宗》四卷、《贤首十要》二卷、《乐邦净土咏》一卷、《醒世善言》一卷、《西资归戒仪》一卷、《瑜伽归戒仪》一卷等。续法大师每次开坛讲经，都汇集了从各地前来听闻佛法的僧众。他门下弟子众多，较著名的有培丰、慈裔、正中、天怀四人，都曾在南方弘传华严宗的佛学思想。慈云续法大师传承宝轮大师的衣钵，当时有种说法，"续法生当顺治，寂在雍正，行道于康熙之年，身经三帝"。（《五教仪开蒙增注》）从中可见，续法大师对有清一代佛教的发展起着非常重要的作用。

续法大师曾开示众人说："为五欲故，发心念佛，地狱界也。为名利故，发心念佛，饿鬼界也。为眷属故，发心念佛，畜生界也。为胜他故，发心念佛，修罗界也。畏恶道故，发心念佛，人法界也。求天乐故，发心念佛，天法界也。欣涅盘故，发心念佛，声闻界也。慕无生故，发心念佛，缘觉界也。欲度他故，发心念佛，菩萨界也。希成佛故，发心念佛，佛法界也。"这是告诫大众，念佛修行，务必要端正自己的心，以正道求法才能得到善果。十法界本是华严宗的理论范畴，而续法大师却在十法界的理论范畴上融合了净土宗的念佛法门，由此也可以看到续法大师各宗派圆融的思想特点。

续法大师还告诫大众道："极闲者，除六时外，应当时刻念佛无间。半闲半忙者，应当营事已毕，即便念佛。极忙者，应当忙里偷闲，十念念佛。如此才不空虚度日。尽此一生用功，一日无有暂废。"可见续法大师还是十分看重念佛法门在修行解脱中所起到的作用的。修行人不仅要心念纯净，发心端正，信仰坚定，而且还要精勤修学，一天都不可荒废、虚度。

续法大师在其弘法利生的生涯中，所讲的经论从不限于一家一派，而是随着受教者的因缘根器来选择适合的教法，以期能够切实帮助众生获得心灵上的解脱。续法大师在步入不惑之年以后才正式开堂讲经，此前过的是云游四海的生活。在开堂之后，便是修复寺宇，塑造佛像。一些名刹，比如慈云寺、圣果寺、仁寿寺等都是在续法的努力下才又重新振兴起来的。康熙皇帝曾五次巡礼慈云寺，并对续法尊崇有加，还御制碑文一道，之后又赐匾额、心经、宝塔等法物，以示自己对佛法的恭敬。

续法大师在晚年时期，退居仁寿寺，尽管生活清苦，但每日仍不停披阅佛教典籍，注释经典多达600余卷。后接受当时名流学士及僧俗两众的请求重又出山，主持天竺寺的修复事宜，可惜在修复工作完成后不久，续法大师便辞别众生，归西往生去了。

当时的名士、泗水的佛弟子徐自洙在《浙江天竺山灌顶伯亭大师塔志铭》中记录了续法大师兴教、劝善、度众的辛劳一生："（续法）心不违如来之训，性不染尘俗之累，体不损沙门之表，行不违法律之径，目不视非仪，口不食重味，手不释念珠，肋不触尘塌，足不履邪径，宿不离衣钵。入污泥不染，处混浊而不淆。以清净弘法门，以智慧为福果，皇皇于超济，汲汲于普度，不以一行自高，一功自许。人有皈依者，不俟请而往，有求益者，不待愤则启矣。虽幼稚，不简于应接，纵傲狠不惮于开诱。洵乎佛祖之化身，众生之楷模也。"从中我们可以看出续法大师生前的清亮道风以及他坚贞的品行与渊博学问，所有这些都无愧于一代佛门巨匠的称誉。

敬安：梵门诗僧　护法功臣

敬安法师（1852—1912年），俗姓黄，名读山，字寄禅，湖南湘潭人，7岁丧母，12岁又失去了父亲。在失去双亲之后，因为家庭条件贫困，敬安不能继续读书，只能依靠帮人放牛来维持基本的生活。但他十分喜欢读诗、更喜欢创作诗歌。他的好学和勤奋得到了私塾先生周云帆的赞赏，在得到周先生的帮助之后，他又能继续读书习字，比从前更是下苦功了。只可惜好景不长，他就又要另谋生路。年少时即遭逢如此多的挫折，这也使得敬安早早就体悟到世事无常，从而发愿皈依佛门。

自从16岁出家之后，敬安就一边跟随师父读经参禅，一边继续读诗写诗，在汲取文化知识方面，他常年不辍。敬安还非常重视头陀苦行，27岁时在宁波阿育王寺舍利塔前燃指供养，因为烧去了两个手指，所以他又被称作是“八指头陀”。

在经过多年的刻苦学习之后，敬安成了闻名天下的“诗僧”，他曾经遍游祖国河山，到处寻访名师高僧，学成之后相继在衡阳罗汉寺、衡山上封寺、大善寺、密印寺担任住持，后又住持天童寺10余年。

敬安经常用诗歌来表现他的佛学思想，其著名诗句“日月精华从性得，乾坤元气自心生”，表现的就是真心一元论，人心本自清净无染，人的自性也是光明无杂的。在这本来清净光明的心性之中，不论是宇宙万有，还是一切众生乃至诸佛菩萨，都已然包含其中。人们只需要向内观，觉悟自性，就可以解脱自我。

“真如既不变，万有徒纷驰”则说明真如本性才是决定外物外境的因素，真心如如不变不动摇，任凭外境外事做何种变化也是徒然的，也不会使清净纯明的真如本心增添一丝一毫的挂碍。真如随不同外缘而做不同的形式变化，但是，真如的本质却从来不曾改变 。

“明月清风一杖担，现成公案不须参。目前万法惟心法，何用逢人觅指南。” 在禅宗的证悟修行中，是需要通过参究公案来证悟出明心见性的禅理的。可是敬安却说那些公案根本不需要去参究，因为目下所有一切万法，都不过是心法，是心的变现，你能领悟自己的心，便已经是好的了，又何必要让别

人来指导呢?

“何必山巅与水涯，安心随处便为家。有人问我西来意，笑指长天落晚霞。”（敬安《答柳溪居士》）真正的栖身之所并非是外境，而是我们的自心。自心清净安乐，则不论天涯海角，都是我们的安乐之所。而真正的修道，其实也不是刻意为之，所以，何必要问佛祖西来意，又何必把有限的生命和精力耗费在参究公案上，但看那长空晚霞，面对如此景象，难道还不能觉悟到自心的圆满自足和清净光明吗?

敬安年少时首先接触的是禅宗，并留有大量禅诗存世，而其晚年则归心于净土宗，并且以极为精妙的语言描绘了净土世界的美好，并发愿能够往生弥陀的净土世界：“我闻安养国，贤圣俱栖迟。讲堂极壮丽，行树相因依。湛然七宝池，矫矫珍禽飞。金绳界道明，天乐随风移。衣食应念至，不假人力为。文殊既戾止，慈氏亦来仪。长揖三界苦，永绝四流悲。逝辞五浊世，金手引同归。”（敬安《咏怀诗十首》之一）

至于如何才能往生净土，敬安认为信愿的力量是巨大的，“莲花出水湛然洁，宝树成行不假栽。欲往西方安乐国，须凭信力断疑猜。”（敬安《净土诗》）依靠自己的信力，才可以获得终究的解脱，获得无上的喜悦。

敬安在自己的诗作中也表现出自己所追求的高尚的人格情操和超凡脱俗的精神境界，比如《月下对梅》一诗：“高冷不宜人，萧然自绝邻。四山残月夜，孤驿小桥春。暂时翻疑雪，清香不是尘。逋仙犹认影，谁复识其真。”他通过描绘月光下高洁孤傲的梅花来表达自己的一种人生追求，其中用到的文字尽管没有只言片语和“佛教”有关，但字字句句却都表现出他对清净自在人生境界的向往，对高洁品性的赞赏，更有对于佛教信仰的坚定。

一心修学佛法的敬安，可不是那种只知道礼佛诵经而不关心世事的人。他虽然许身佛门，但也十分关注国情和世事，他的许多诗作都充满了对民族和国家的热爱。

光绪十年，即1884年，敬安身染疾病，在宁波延庆寺休养，当他听到法军侵占台湾的消息后抑制不住内心的愤怒和激动，失眠多日，更引发了其他病疾。为杜绝外国侵略势力侵入寺庙，敬安向清廷表明自己护国护教的决心，因

此清廷也命令各地自办僧学，以抵抗外国宗教势力的侵犯，我国的僧学制度由此而开端。由于护教功绩卓著，后来敬安被任命为宁波僧伽教育会会长。他竭尽全力创办僧众小学和民众小学，在 1912年被选为中华佛教总会第一任会长。曾面谒孙中山，请求临时政府保护寺院寺产不被豪强恶霸侵占。之后又入京请愿，试图劝谏当局禁止“寺产兴学”运动，可是当时北洋政府内务部礼俗司司长杜关和敬安言语不和，竟至出口侮辱敬安，敬安回到法源寺之后在急怒之下即生重病，于1912年12月2日在法源寺逝世。

作为中华佛教会第一任会长，敬安为佛教的护法事业而亡，他尽到了一代高僧应尽的贡献，因其爱国爱教爱民的情怀而被誉为“爱国诗僧”。他喜欢以诗交友，以诗阐明禅理教法，以及佛门义理，而他在晚年时期因为忧心于国事而做的“我虽学佛未忘世”“国仇未报老僧羞”等诗，更是充满了对国家和民族的忧患和强烈的爱，作为一代护法功臣、禅门诗僧，敬安大师的一言一行都值得我们当今人的怀念和追思。

谛闲：天台宗师　佛门泰斗

谛闲法师（1858—1932年），俗姓朱，名古虚，号卓三，浙江省黄岩人，天台宗第四十三代法祖，清朝末年天台宗的重要传人。谛闲自小就学习儒学，后来又跟随舅父学医，可是他却认为，医术能够为人治病，解除身体上的病痛，却不能使人们的内心痛苦得到减轻，所以才产生了出家学法以普度众生的心愿。不久之后，妻儿以及老母相继去世，在面对如此打击之下，更加坚定了谛闲出家的信心。

20岁时，谛闲在白云山落发出家，几年之后又来到天台山的国清寺受戒具足，由此开始成为天台宗传人。26岁时在福臻寺跟从敏曦老和尚研习《法华经》，还没等这一部经典教授完毕，谛闲已经能够领会到一心三观的法门了。他28岁就开始登坛讲经，之后又曾两度闭关，坚持修禅观。在出关之后应禅门同修邀请，讲解《法华》《楞严》《弥陀》诸经论，其法席遍布大江南北，信徒也越来越多，他的声望也与日俱增。1912年，谛闲担任天台宗著名古刹宁波观宗寺的住持；1915年，谛闲应邀来京开坛讲经，当时的社会名流多来肃听；1917—1918年，谛闲还曾两次来京讲经；1919年创办观宗学舍，专门培养天台宗人才。在古稀之年，谛闲不顾年老体弱，还远赴哈尔滨的极乐寺主持传戒法会。由于谛闲的一系列传法活动，天台宗的教义得到了一定程度的恢复和弘扬。

谛闲的著作很多，有代表性的主要是《大佛顶首楞严经序指味疏》《圆觉经讲义》《华严经普贤行愿品辑要疏》《金刚经新疏》《教观纲宗讲录》等，谛闲虽然是天台宗传人，但他的佛学思想并不局限于天台这一个宗派。

在一篇探讨人生目的的文章中，谛闲大师如此写道："不闻孟子言乎，尧舜与人同耳。其所谓同者，即指此性灵是也。设使人人皆能觉此性灵，是则人人皆可以为尧舜矣。"（谛闲《人生之目的》）在这里，谛闲把佛性与"性灵"视为同一，而这个性灵，则不仅是诸如尧舜这样的圣人所具有，更是为世间所有众生所具有。假如人人都能觉悟到这个性灵，那么人人都可以成为一代圣贤了。

但是，为何并不是每个人都能成为圣贤呢？谛闲认为就在于“一有目的”。有了目的，心就会有挂碍，这样的执着和各种妄念也一并生起，这样怎能洞见自己的性灵呢？

但是为了生存而抱有的各种目的，在谛闲看来还不是人生最高的目的之所在。“岂真知最高目的耶？且此最高目的，并非理想所能究竟，亦非仅以空谈所能研究。”（同上）。这最高的目的，应该是出离生死轮回，且能利益众生。而这样的目的，实在并非是仅靠着空谈和想象就能做到的。

“如欲行千里之途，必由近处下足。要登九层之塔，必从低处上升。今说要达最高目的，势亦必然。务须先发雄伟勇健之心，立定坚强不拔之志，以为基础。”（同上）好比要做千里的跋涉，就必定是从近处开始出发；要登上直入云霄的楼塔，也必定是从最低处开始攀登。要达到人生这最高的目的，也是需要从眼下开始做起的。因此，就要先发无量的大誓愿心，立下真切而坚定的志向，而这也正是登上解脱之路的基础。

同时，谛闲也指出人们之所以心灵困重、不得解脱的重要原因，是因为“人性刁怪，往往以自恃聪明，大生邪慢，胸含苦本，埋没性灵。滋之以爱水，培之以欲泥，乃复以世智贡高，傲人凌物，争兢气概，将谓阎罗老子管束他不得，亦复不知有前因有后果。善恶报应等事，盖由不识性灵，不知本法，于己躬脚跟下，最初一步，了无所知，徒自痴狂增长，梦想颠倒耳。”（同上）人们自以为聪明而不肯谦卑处事、谦和对人，最终种下恶因，自己就要饱尝恶果。放纵自己的爱欲而不知节制，由此埋没了性灵之光明，使自己难见自心之可贵。每日沉溺于颠倒妄念中，任凭愚痴狂妄的习气不断增长。

“迷则知是心病矣。迷者何？烦恼是也。烦恼有三：（一）见思烦恼。见思阻乎空寂，是凡夫心病。（二）尘沙烦恼。尘沙障乎化导，是二乘心病。（三）无明烦恼。无明翳乎法性，是菩萨心病。唯佛一人，三惑烦恼断尽。”（同上）被迷妄充斥着的人生总是有无尽的苦恼，而这些苦恼又可以划分为三类，不论是凡夫众生还是菩萨，因为各自因缘不同，都有着各自的心病。只有证悟佛果之后，才能断除一切迷惑和烦恼以及各种颠倒妄想。“去一分烦恼，即增一分心光；去一品无明，增十倍见量；直至无明净尽，心体毕露，见量圆

满，证到妙觉佛果。”（同上）而要灭除妄念苦恼，最紧要的自然就是精勤修习佛学佛法，发无上心，不夹杂也不间断，必定可以直见光明心性，得无量圆满的果位。

谛闲作为清末民初的一代佛学大家，与印光、虚云、弘一齐名，其高尚之梵行，弘法之艰辛，对近代佛教的发展有着扭转颓风、复兴天台的功劳。

推荐阅读：

梵琦：《梵琦语录》

宋濂：《佛日普照慧辩禅师塔铭》

德宝：《笑岩集》

莲池大师：《戒杀文》《人不宜食众生肉》

憨山德清：《憨山大师梦游全集》《醒世咏》

密云圆悟：《密云禅师语录》

藕益智旭：《灵峰宗论》

德清：《紫柏尊者文集》

实贤：《劝发菩提心文》

谛闲：《人生之目的》

近现代高僧

佛教发展到近现代，随着社会形势的变化出现了许多不同于以往的问题，也呈现出不同于古代佛教的一些特点。在清末民初这一时期，由于社会动乱和思想意识形态的变化，佛教进一步衰落，但也在一些佛教界高僧和居士的努力下进行着转型，以适应社会的发展和变化。太虚大师『人间佛教』理念的提出，可谓是中国佛教进行自我调整的一个重要转折点。在历经了战乱之后，迎来了新中国的成立，中国佛教的发展逐渐呈现出崭新的面貌，尤其是在最近几年，一些佛教界高僧相继提出了一些适应社会发展的佛教理念，比如净慧法师的『生活禅』等。本章节所记叙的近现代高僧，都是对中国佛教有突出贡献者。当然，中国佛教的发展离不开僧俗两众的共同努力，在此也向佛教界所有的前辈致以敬意！

本焕：知恩报恩　慧法长存

本焕长老（1907—2012年），法名心虔，于清光绪三十三年出生在一张姓农民家中，父母给他起名叫凤珊，教书先生给他起的学名叫志山，祖籍是湖北省武汉市新洲区。由于家境贫寒，法师少年时代曾在当地的一家杂货铺里当学徒；后来在22岁时，前往新州报恩寺出家；1930年又到武昌宝通寺受戒，同年6月，本焕独自一人到江苏扬州高旻寺，跟从来果法师修学佛法，在此地修行了足足7年。

1937年2月时，本焕法师不辞辛劳，千里迢迢朝拜五台山，后来前往碧山寺落脚，并于1939年9月荣任该寺第三代方丈。本焕长老在这里苦修了10年，在此期间，大师用指血抄写了一部《普贤行愿品》，共19卷，计20万字。1948年，法师离开五台山，前往广东南华寺，向虚云大和尚求学佛法，并于1949年元月就任南华寺方丈。

在此之后，本焕长老多次担任寺院住持，被佛教界誉为“佛门泰斗”。本焕长老身为南禅临济法派第四十四代传人，曾为中国佛教协会咨议委员会主席、湖北省佛教协会名誉会长、深圳市佛教协会会长，曾当选为广东省政协委员、深圳市政协二届委员和广东省仁化县政协副主席。

自从入了佛门，本焕长老就秉持佛门报众生恩的训诫，将自己这一生都奉献给弘法利生的事业之中，特别是自从20世纪90年代以来，他率领弘法寺的僧众多次参加各种捐款捐物的慈善活动，尤其支持“希望工程”建设和帮扶残疾人的社会福利事业。

在抗日战争时期，还有过这样一件事：1942年的一个寒冬，日本侵略军正在追杀一名八路军营长，这位营长情急之下跑进了碧山寺，当日本兵追到碧山寺后便怒气冲冲地要寺庙交出这个八路军，本焕长老连声说道：“我只知道念佛修行，哪里认识什么八路军啊！”他一边说，一边以手示意，日军见问不出个因为所以，而且又在寺庙里，也怕冲撞了神灵，便只好气哼哼地走了。像这样的事情，只是本焕长老众多爱国护生行为中的一件。

不了解本焕长老的人，一直觉得老法师严肃古板，但其实本焕长老不仅性

格随和，而且经常会随口说出些很新鲜的话来。在老法师迎来104岁寿辰时，众多佛教界朋友都来为他庆生，老法师却幽默风趣地说“我还是一个小和尚呢，我还是一个4岁的小Baby，我可不能把自己看得太高。骄傲是会使人退步的，所以，做人还是谦虚些好。”即便像本焕法师这样的老前辈，也如此虚心，更何况是我们呢？只有虚心才能有真成就，这一点，在本焕法师身上体现得尤其明显。因此，不论在家还是出家，若想获得真实的成就，获得非凡的事业，都要从“低”处做起。首先就是把自己的心放低，人能把自己放低些，智慧才能由此而生。没见过哪个狂妄自大的人能取得真实成就的，但因为谦虚好学而获得成功的人却比比皆是。

每当有人夸赞本焕长老一生行善，利人无数时，本焕长老就会说：“我虽是一个出家人，但首先是一个公民，国家的兴衰，人民的疾苦，不管大小，都有一份责任。”从中可以看出老法师心怀天下众生的菩萨心肠，更可以见出老法师的责任感和慈悲心。有人说佛教过于出世，很多出家人都只顾自己修行，而缺乏对社会的贡献。但是，从本焕法师以及很多为慈善事业而奔忙的出家法师身上，我们就能看到佛教的入世精神和利益众生，造福社会的宗旨。也正因如此，老法师不论到世界各地哪里访问，都会受到当地居民和佛教信众的热烈欢迎。

针对现代社会中很多人都表现出的心理失衡问题，本焕法师说道：“你们年轻人妄想多，想了还要做，做了以后还要成！什么都想要，怎么可能放得下？ 佛家说，各人有各人的因缘，各人有各人的福德因果。所以，人与人之间怎么可能有同样的幸运或不幸呢？”根据佛教的说法，每个人因为各自的因果业缘不同，所以，每个人的经历、遭遇和生活环境也有很大的差别。可是，这并不妨碍我们找寻自己幸福的生活。因此，不用去攀比，更不能看到别人获得幸福和成功就抱怨连天。或者恶意嘲讽，甚至生出诽谤的心来。因为别人的成功，也是福报的体现，更是别人付出艰辛努力的结果。假如做不到为别人的成功喝彩，也至少要多反思自己，少抱怨命运。少些抱怨，人生境界立刻就能发生改变，而这何尝不是我们获得开悟的开始啊！

老法师给众多年轻人开示道：“成佛并非一件简单的事，这条道路是真正的不容易。而最重要的，就是自己要首先开悟，要在正确的路上好好地走下

去。若有人问，走下去做什么呢？我们当知，走下去就是为了成就众生、利益众生、教化众生。这才是学佛的真实目的啊！”成佛不容易，成就世间一切功德不容易，获得事业上的成就也是如此。我们年轻人，不论从事着哪种职业，以哪种方式生活，首先的一点就是要明白生活的不易和艰辛，而正是以为这样，我们更要踏踏实实地走好人生的每一步，不能虚度光阴，更不能不珍惜自己的有限生命。

为了让更多的人能够亲近佛法，获得智慧，老法师还经常鼓励年轻人要用自己的实际行动去做利益众生，回报社会的事情，而要在实际生活中培养自己的德行，完善自己的品性，要想自利利他，就必须经过不断的修行来增长智慧，所以“修慧培福”便成了老法师最常说的一句话。智慧是修出来的，福德是培植出来的。老法师希望大家能够在实际生活悟得人生道理，远离烦恼，并且以自己的能力去帮助别人解脱烦恼，获得心灵上的安宁和幸福。

还有一次，一位年轻后学为了如何能更好地服务社会而特地向本焕法师求教，老法师和蔼地说：“我们佛家讲的是自度度人，所以我们就必须自己福德智慧具足，如此才能够明心见性，也才能够去帮助他人，服务社会。但是，要想做到福慧具足，就必须由我们自己来修行，当我们福不足、慧不满时，要想成佛，我们就必须要经过无数劫去成就众生、利益众生、教化众生，培自己的福，修自己的慧。所以我们今天要好好用功，努力修行，利乐有情，培福修慧。”由此可见，我们若想获得大智慧，唯有投入生活之中，以自己的实际行动践行佛陀的教诲，也只有先利益他人，才能在这种过程中提升人生的境界。自度度人并不是一句空话，而要落实在生活中的方方面面，这是在培植自己的福德资粮。因此，修学者千万不要觉得自己精通多少佛理，多少经典就很不得了，假如不能践行佛道，又怎么能得到佛果呢？

早年，持松和尚作为本焕的传戒师，曾经这样说过：“要想领悟到佛学的真谛，必须要经过一番艰苦的修行才可以达到。你只有通过亲自体验，才能渐渐地领会佛心。在修证的道路上，没有捷径可走，只有艰苦的修行，如此才能达到真正的佛的境界。你要多走些名刹古寺，多去参拜高僧大德，特别是要注意持戒修行，修佛的道路，就是不断超越自我。”而本焕法师一直没有忘记持

松法师的教导，也正是有了持松法师的指引，人间才多了一位活菩萨。

“未成佛道，先结人缘”，这是本焕大师一贯的主张，大师希望能以出世的境界做入世的事情，因此广结善缘就成了大师经常提起的一句话，他也把广结善缘看做是成就事业的前提条件。我们现代人都渴望有自己的事业，殊不知，不结好人缘，又怎么会有成就事业的根基呢？而要想获得好人缘，就应该以谦虚的心对待他人，以感恩的心对待困难，以慈悲的心对待众生。好人缘是修出来的，而能够获得一位善知识，对于我们的生命境界的提升，也是利益无穷的啊。

纵观本焕大师一生的求法修学经历以及他的爱国情怀和利生行为，我们不难看出这位百岁高龄的佛教大师的可爱、可敬之处。本焕法师一生经过的磨难也很多，但不论是身处何种境地，本焕法师始终都能保持一位出家人的本色，将一颗禅心放到生活中，接受生活的历练和考验。本焕法师以自己的实际行动告诉大家：作为一名出家人，虽然每天面对青灯古佛，但自己的心却应该始终想着如何为社会、为大众做些力所能及的事情。在本焕法师晚年，他还在积极为罹患白血病的大学生募捐，并多次向深圳青少年发展基金会捐款，用于资助贫困学子能够顺利完成学业。

这位行善四方、济众无数的老法师，不仅是出家修行人的楷模，更是我们在家众生的榜样！

梦参：发菩提心　行菩萨道

梦参法师（1915—），生于黑龙江省开通县，于1931年在北京房山县上方山兜率寺出家，最初时，受戒法师给他取法名叫“觉醒”，可是，他认为自己并没有做到真正的觉醒，再加上是因为做梦而出家的，他便给自己取了很有意思的法名为“梦参”。同年，梦参法师在北京的拈花寺受比丘戒，待戒期圆满之后便前往九华山，朝拜地藏菩萨道场。因为殊胜的因缘，正好赶上60年才举行一次的开启地藏菩萨肉身塔的法会，而这也为梦参法师在以后的岁月里专心弘扬地藏法门而埋下机缘。梦老现居于五台山普寿寺。

在福州市鼓山涌泉寺参悟的那段时期，梦参曾跟随慈舟法师学习《华严经》，在历时半年之后仍然不得参悟华严境界，遂决定先拜诵《普贤行愿品》，并以火燃烧手臂来供佛，期望能以此种苦行来开启智慧。在这之后，梦参又前往青岛的湛然寺，依止倓虚法师修学天台宗的教法，并开始弘讲《华严经》。在这个过程中，梦参法师又接触了西藏的一些僧众，从而产生到西藏修学密法的因缘，并于1941年赶赴西藏的色拉寺修学经论，前后共五年。在西藏修学的这一阶段，梦参法师主要依止第十世班禅的老师赤江仁波切。在1945—1949年间，梦参法师还转赴西康等地参学密宗教法，他在藏地总共修学有十年之久。

自20世纪80年代中期以后，梦参老法师应福建南普陀寺妙湛老和尚、圆拙长老的邀请，前往厦门南普陀寺重新兴建闽南佛学院，担任该佛学院的教务长一职，于此开讲《华严经》《法华经》《楞严经》及《大乘起信论》等。一年多以后，梦参法师应宣化上人的邀请，前往美国弘法并于数月之后回国。在1989年时，应旭朗法师的邀请，梦参老法师再度来美弘法利生，此次主要开讲了《占察善恶报经》《华严经普贤行愿品》《地藏经》《心经》《金刚经》等大乘经论。在这之后，便开始了旅居美加地区的生活。

自2001年开始，梦参法师应邀常住于五台山普寿寺传授经论，并对圣宝山愿成寺的僧众静修加以指导，一直延续至今。

梦参法师认为：我们应该把所学到的佛法智慧，应用到自己的生活之中，

改善自己的生活状态，这样学佛才有真实的意义。而要想把修行落实到生活和工作中，总结起来不外乎八个字“发菩提心，行菩萨道”。

这八个字，说起来很容易，但要落在实处，就需要从一言一行上着手实践。有很多人弄不明白，“发菩提心”到底说的是什么呢？我们不妨听听2007年老法师在北京居士林为大家做的一段开示。

梦参法师说：“发菩提心，在藏传佛教它叫三要道，菩提心的三种要道。第一是厌离世间，第二是大悲心，第三是般若心。厌离世间对世间不贪恋，就是出离心；不贪恋世间，出离世间，但因一切众生不了知佛法，也不能出离，因此就产生了菩萨的大悲心。大悲心不能有爱见，爱见就是对自己亲。有爱染的情绪那叫爱见心，不叫大悲心。大悲心得有智慧，没有智慧的大悲心不能普度一切，有了智慧，就是般若心。”

在这里，梦参法师为大家详细论说了发菩提心的三个过程，但其实这三个过程，并不是截然分开的，而是统一的，尽管有一个程度上的次第变化，但缺少了任何一个，都不是完整的发菩提心。

菩提心产生的缘起，就是要先生起出离世间的心。为什么要出离世间呢？就是因为一旦我们产生了贪恋和执着的欲念，就会生出很多烦恼，从而永远在轮回中沉沦，永没有解脱的时候。而且，由于这中贪欲和执着，我们的心日渐变得僵化而沉重，没有丝毫的自在可言。因此，生起出离心，看破世间的一切，反而会使内心得到轻安和舒展。出离心，并不是要我们厌弃这世间的一切，而是要消除固执的“自我”，消除过多的贪欲和执着。寂天菩萨在《入菩萨行论》中就曾经讲到过：人世间所有的痛苦、烦恼、不快乐，起因全在于我们过于执着自我，而所谓的自我，其实也不过是五蕴四大聚合而成，而非永远实存的。

可是，有些了知佛法的人，他们能够洞察到世间的实相，具有无上的功德和智慧，但因为见到很多众生因为不了解佛法的智慧而在痛苦中沦陷，所以就生起无上的悲悯之心。这种悲悯之心，假如没有般若智慧的引领，就会成为一种“爱见心”。没有智慧的悲心是不能普度一切众生的，因此，般若智慧在发菩提心的过程中就显得尤为重要。

只有当三心具足的时候，这才算是真正的发菩提心。很多人问梦参法师：“发菩提心对我们有什么助益吗？”

梦参法师就这个话题也做过开示：“用发菩提心来转移你的烦恼心，转移你的贪嗔痴，这便是最大的利益了。当你生起了菩提心，就能够免去世间的灾难，这是你自己免去的。因为你不再贪恋这个世间，所以，世间的灾难也奈何不了你的。”不论你经历了什么样的苦难，你不动心，不愤怒，不怨恨，这就是一种出离心的境界，而只有到了这种境界，也才是一种开悟的人生。

“生、老、病、死、爱别离、怨憎会、求不得、五阴炽盛，这八苦交煎，你就用发菩提心来对付它，对付这八苦。把你的苦难转变成吉祥，这就是发菩提心的功德。”梦参老法师劝大家学佛首先就应该从发菩提心做起，想学佛，想修佛，想做佛，都离不开发菩提心。而发菩提心，也要落实到生活中，尽自己的能力去行善，帮助他人，否则，仅仅是有发心而没行动，也一样不能给自己带来修为上的成就。

“佛法在世间不离世间觉，怎么觉的？发菩提心。发了心就能够成佛，绝对能成佛。但是，你修行得快进步得快，成佛早一点；你修行得慢，成佛慢一点，就是这个分别而已。发了心，绝对能成佛，所以劝大家发菩提心。”梦参法师劝诫大家，我们的生命是有限的，而且你永远不知道以后会发生什么事情，可以说是命如朝露，只在呼吸之间。因此，能及早发无上菩提心，毕竟是件好事情；而在发心之后，假如不如实地修行，一样很难得到佛果。

在谈到如何帮助个人这个问题时，梦参法师建议大家应该以不执着的心，随缘尽力而为。“有了智慧，行方便是解脱；没有智慧行方便，则非但自己被束缚了，连带的把别人也束缚了。”可见，即使想要发心帮助他人，也必须以智慧行事；否则，就成了帮倒忙了。

梦参老法师给大家讲法已有几十年了，很多人在聆听了老法师的教诲之后都获得了无上真实利益，特别是老法师还谈到过如何使佛学和工作、生活相结合，这些开示，更是给很多都市中忙碌的人点了一盏明灯，照亮了大家沉睡已久的心灵，给众生带来佛学智慧的甘霖！

惟贤：立品立德　服务人生

惟贤法师（1920—2013年），四川蓬溪人，俗名邱兆红，在童年时代父母均早亡，依靠四姐邱兆莲抚养成人，10岁在蓬溪县白塔寺跟从定光法师出家，13岁时，到四川南充王恩洋先生创办的“龟山佛学院”学习。王恩洋先生在“如何做人，如何完成做人的品格”等方面，都给他以极大的启发，奠定了惟贤法师深厚的儒学素养。

惟贤大师除了倡言“立品立德立行”的教法之外，还深受太虚大师的“八宗平等、人生佛教、菩萨学处”思想的影响，不断地践行着太虚大师“人间佛教”的佛学理念。他强调佛学佛法的弘扬，务必要做到因时制宜、因地制宜、因机制宜，一定要契机契理，与所处的社会形态、社会环境和社会背景相适应，在“菩提心为因，大悲为根本，方便为究竟”（见密宗经典《大日如来灌顶经》）的原则指导下，发扬“莲花精神”，即努力完善自己，积极投身于现实人生，不遗余力地为国家、为社会、为大众服务，在实际生活中为人们消除烦恼和痛苦，带给大家真是利益，启迪大家的内在智慧。

在新中国成立之初，惟贤法师曾担任重庆市能仁寺佛化学校教导主任，并兼任重庆市佛教协会筹备工作组秘书长。进入20世纪80年代，法师投入到弘法利生的事业之中，先后创办了“佛教希望工程”“佛教慈善功德会”“母亲工程”等，以期能够救助失学儿童，关爱下岗职工；老法师还开办了僧伽培训班，为佛学发展培养并输送专门人才。近些年来，惟贤法师先后参访过日本、泰国、新加坡、韩国和美国等国家和地区，并多次参加佛教文化方面的学术交流活动。除了宣讲各种大乘经论之外，惟贤法师还有多部大家耳熟能详的著作，比如《法华经说什么》《般若与人生》《唯识札记》等。

在2005年，为积极响应党中央提出的“构建一个和谐的社会主义社会”的号召，已经85岁高龄的惟贤老法师，专程来到北京，来到北京大学、中国人民大学等高校以及北京佛教文化研究所，就“佛教哲学的现实意义、佛法的弘扬与构建和谐社会”发表了专题演讲，得到了广泛的社会反响。惟贤法师不止一次地谈到“和谐本身就是传统文化——儒家、道家、佛家的重要内容。要实现

和谐，就必须要继承和发扬传统文化！”

惟贤法师十分重视佛教道德在当今社会的教育意义，老法师说：“佛教的慈悲不是一般的爱。慈能与乐、悲能拔苦，分无缘慈，同体悲。无缘慈，不分界限，超越时空，不论贫富贵贱，都要救度。同体悲，以他人的痛苦为我的痛苦，无始以来的众生皆是我的父母，要发愿报四恩，增长悲心。”在惟贤法师看来，佛教的慈悲乃是化解人间一切怨恨的利器，假如每一个人都能心怀慈悲，实践慈悲，那么人与人之间的关系必定是亲密无比的，那些杀伐纷争，也不会继续存在，从这里我们不能看到惟贤法师的良善愿望和悲悯众生的心怀。

惟贤法师希望社会上的每一个人都能从知恩报恩出发，从忆念众生的恩情中发展出大慈大悲的心。而这种慈悲一切众生的心怀，可以起到升华人生境界、净化心灵的作用，从而促进人与人之间的和谐关系。

在谈到现在社会上的一些犯罪现象时，老法师说：“佛教的道德感化，用以劝善止恶，安定人心，消除邪恶。社会上的法律制犯罪于已然，佛教道德的感化，有助于防止犯罪于未然。”惟贤法师的这句话说得很到位，因为已然的犯罪不仅仅让受害者痛苦一生，甚至会因为他人的罪行而失去宝贵的生命，而且那些犯下罪行的人，也要在悔恨中度过余生，甚至会因为自己的罪行而被法律制裁，失去性命。所以，将罪行防止于未然，于人于己于家于国都有好处。因此，老法师十分推崇佛教道德在劝善止恶方面所起到的感化作用。

惟贤法师认为人的心是善恶之源，老法师说：“佛经上有言‘心生则法生，心灭则法灭；心染则国土染，心净则国土净。’所以，佛陀教导他人修行，首先就是治心，这是正本清源的妙法。”我们现代人最应当注意的就是自己的心态问题，由于心态失衡而导致的各种社会问题，应该得到大家的共同关注。因此，治心调心，也应该成为大家的一项日常功课。

“道德与罪恶表现于外，会影响社会的安宁或动乱，而其根源则在内心，它是心理现象善与恶、邪与正的两大类。”惟贤法师如是说道，他认为佛教的经律论，尤其是戒律，都能够起到净化人心的作用，因为人心得到净化，境界得到升华，进而又可以促进社会的和谐，这是佛教对和谐社会建设的一个重要作用。

佛教还有一种理论，不仅充实了我们中华民族的传统道德，时至当代也在人们协调人际关系、维护社会秩序、发扬优秀传统文化等方面发挥着重要作用，这就是佛教的三世因果学说。

“能明确三世因果，在行动上首先从内心深处，提高警觉，‘戒慎乎其所不睹，恐惧乎其所不闻’，消灭妄念、恶念，止罪恶于无形，就能真正改变低下的素质，培养高尚的道德情操。”惟贤法师在《佛教道德的普遍意义》一文中，从多个方面阐述了佛教的道德观在当代社会的启示意义和教化人心的社会功用，深得社会各界的认同。因果法则，其实正是教育人们要对自己的思想、言行负起责任来，因为自己所说的每一句话、做的每一件事都会成为以后我们遭到何种境遇的“因”。你当下想的是助人为乐，即使还没有做出这样的善事，你就已经为自己种下了好的因缘，以后获得的也必定是善报。

以菩萨善行来济人救世，安定人心，推动社会和谐发展，这也是惟贤法师大力弘扬佛教道德理念的初衷，“佛教徒应奉持五戒十善，发大心，修菩萨四摄六度等法，才能修养成最完善最高尚的道德，有利于人群，有利于社会！”这是惟贤法师对现代人的谆谆教导，更是一位佛教徒渴望实现利益众生的宏大心愿的体现。

惟贤老法师被佛教界誉为“当今唯识学泰斗”，他不仅精通经律论三藏，拥有广博的学识，而且为了弘法利生而多次应邀参访、讲学，其足迹遍布大半个中国。惟贤法师对出家学僧队伍的培养十分重视，也正是因为老法师呕心沥血、不辞辛劳的培养和教育，才使得佛法慧命不断流传，利益广大有情众生。

星云：佛光普照　法音隆盛

星云法师（1927—），俗名李国深，原籍江苏江都，为临济正宗第四十八代传人，佛光山开山宗长，于2002获“十大杰出教育事业家奖”，2010年1月13日获得“中华文化人物”终身荣誉奖，著有《释迦牟尼传》《佛光菜根谭》《星云法语》《人间万事》《佛教丛书》等几十部佛教文化文集，并翻译成英、日、德、法、西、韩、泰、葡等十余种语言，畅销海内外，还曾主编《人生》《今日佛教》《觉世》月刊等佛教刊物。星云大师于1991年成立国际佛光会，并且被僧俗各界推举为世界总会会长，法师在世界各个国家和地区先后共成立了170余个国家地区协会，为全球华人最大的佛教社团。

自从12岁在南京随志开上人出家之后，星云法师就把弘法利生作为自己一生所追求的一项伟大事业。在1967年，星云大师创办佛光山的目的就是致力于推广佛教教育以及佛教文化和慈善弘法事业，以弘扬太虚老和尚的“人间佛教”为指导思想，树立起“以文化弘扬佛法，以教育培养人才，以慈善福利社会，以共修净化人心”的宗旨，致力于推动现代社会中的佛教教育以及文化和慈善、弘法事业，这可以视作星云法师将佛教——这一古老东方智慧带往现代生活的里程碑。星云法师先后在世界各地开办佛学道场200多所，为了能把佛学佛法普及得更广，星云法师还开办了出版社、书局、图书馆以及佛教丛林学院等。

星云大师为了鼓励后学，启人哲思，开发人们的心灵智慧，给我们留下了很多充满慈悲和智慧法语。

比如，在谈到当今很多年轻人心气浮躁，不肯塌下心来勤奋工作，还经常抱怨的现象，星云法师就说：“一个人心胸开阔，才能事事如意，不论到那里都觉得这个世间很美好。”在佛家有句话很了不起，叫做“心净则国土净”。每一个人在成长过程中总会碰到许许多多的坎坷和不如意，关键是我们该如何正确地看待这些挫折以及所谓的命运的捉弄。星云法师希望大家在遇到不顺和挫折时，能多想想从中吸取的教训，同时也反思一下自己的过失，这才能算是真正的成长，不论逆境顺境，其实都是人生宝贵的经历。

不如意的事情并非是因为我们做得不好，也不是因为老天存心要为难我们，而是命运对我们的一种考验。只有能心平气和地经受过这些人生考验，才能迎来光明的未来。因此星云法师有句话非常有哲理，他说："春天，不是季节，而是内心；生命，不是躯体，而是心性；老人，不是年龄，而是心境；人生，不是岁月，而是永恒。"他认为人们在挫折中，更应该内观自己的心性，因为内在智慧的生发是离不开外部环境的锤炼的，而这种内在智慧则比获得物质上的成功更有意义。

星云法师认为一个人的心量，能够决定他以后的成就。我们纵观历史，不难发现，那些真正称得上雄才伟略的人物，大多数都是心胸宽广、气量非凡。而这种气度，是需要后天培养的。所以，我们应该时刻做到自我观照，观照自己的内心，是不是真的能够做到淡定和平静地看待世间一切，比如他人对自己的误解、嘲讽甚至谩骂，都不能去计较，心一计较，就生烦恼。因此说心量大的人烦恼少、智慧多，活得更快乐。

在我们身边，总会发现有些人不满于现实，却又想不出什么好办法来改变现实状况，于是就唉声叹气或是怨天尤人，说社会对他不公平，别人对他不友善，还连连叹息自己身处的环境不好，等等。针对这样的人，星云法师则慈爱地说："一个人该住什么样的地方，事实不在于地方的大小如何，主要在于个人胸襟的宽阔如何。一个胸襟宽阔如当沙弥的朱元璋，虽然席地而卧，却有法界在我一心的感觉；如果一个心量狭小，不满现实的人，即使住在摩天大楼里，也会感到事事不能称意。"所以，幸福与否，起决定作用的不在于外部环境，而在于一个人的内心。古代的帝王将相尽管享受着锦衣玉食的豪华生活；但也有内心苦闷的时候，而一些平民百姓、贩夫走卒，尽管物质生活很一般，但他们的内心却充实而幸福。

"一个人在生活中除了物质以外，还有很重要的精神生活，所谓精神，就是一个人的思想见解，一个人的内心认识。"星云法师认为一个人的精神生活是应该高于物质生活的，精神旷达好过沉陷于物质享受和情欲享乐之中。星云法师尤其觉得年轻人更应该承担起社会责任，实现人生理想，而不能仅仅满足于物质上的利益，应该更多地探寻内心世界，通过现实生活的磨砺而提升自己

的生命质量和内心的自由度。

针对现代社会中的一些人在感情屡屡碰壁就生起恼恨心的现象，星云大师就开示道：“有心栽花花不开，无意插柳柳成荫。一个人不要把感情用在少数人的身上，不要局限于自己所认为的‘有缘’，应该扩大心胸，视一切众生都是我们的父母兄弟姊妹，学习观世音菩萨的‘千处祈求千处应，苦海常作渡人舟’，什么人有困难，即施恩惠给谁，这就是菩萨的精神。”这即是要我们明白，只有把善行落实在现实生活中，广结善缘，常与人为善，才能给自己带来内心的幸福和快乐。而假如将自己捆绑在对一个人的爱恋中，这并不是爱对方的表现，而是一种执念，这种执念不仅会给自己的心灵带来伤痛，对于那个被你所爱的对象来说，也是一种痛苦。因此说，恼恨心是要不得的，不论你如何爱着对方，只要对方有半点儿不情愿，也不能勉强。因为这不是真正的爱，而是强烈的、自私的占有欲。

星云法师认为人与人之间的感情也是一种“有为法”，因此是需要各种内部和外在条件，才能发生的，因此大师说道：“万法相互缘起，世事不必强求；只要因缘具足，自能水到渠成。”有很多朋友都向往获得幸福的爱情，和谐的人际关系，美满的家庭生活，可是，在星云法师看来，这些人际关系乃至人与人之间的感情交往，都离不开“缘分”二字，而这个缘，也是需要各种内在外在条件的。所以，当这些条件发生了变化，人与人之间的关系也会随之变化，因此说是一种“有为法”，即有所观待的现象。既然这种人际关系不是长久的，那么就必定会有分有合，想到这些，那还有什么可伤心或者恼怒的呢？仅仅是因为情感上的需要不能满足自己的心意就生起各种怨恨，这是自己和自己过不去，而且你的这种怨恨的念头，会直接影响到你以后的生活，你的怨恨越多，生活就越不顺利。

那么，是不是就要听天由命，自己不做一点努力，也不去追求自己的幸福呢？星云法师告诉我们：随缘不是随波逐流，而是珍惜当下；当下不在他方净土，而是内心一念。因此说，假如你已经找到了生命中的伴侣，就好好去珍惜，尽到自己应有的责任；不论是对待朋友还是对待家人，都拿出自己的真心实意来，莫要等到这些人离你远去，或阴阳相隔时才后悔自己对他们不够好。

还有些年轻人，正处于人生中的迷惘期、困惑期，星云法师对这样的人开示道："用智慧确定方向，方向必到；用意志克服困难，困难必解。"这是说我们在生活中，应该尽量用自己的清净智慧心去观察一切，而这种清净智慧心只有在脱离了一切束缚捆绑之后才能获得。因此，不执着、不贪恋，才能不动妄念，也才能获得真实智慧。而光有智慧还不行，想要成就事业还是要坚定下去，以顽强的意志克服一切困难。这些挫折和困难，对于那些意志力坚强的人来说，反而是一种助缘，能够帮助他们达成自己的人生理想。

作为一名佛学作家，星云大师不仅给世人开启了智慧的明灯，而且还把精妙深奥的佛理，以明白畅达的文字表现出来，既给世人以心灵的启迪，又给人们带来美的感觉，这不仅是一位佛学大师在和人们以心谈心，更是一位智慧老人在以自己的人生阅历为大家指路前行。

圣严：心灵环保　法鼓常鸣

圣严法师（1931年1月22日—2009年2月3日），俗姓张，出生于江苏省南通县，为现代佛学大师，教育家、佛教弘法大师、日本立正大学博士，禅宗曹洞宗地五十代传人，临济宗的第五十七代传人，同时也是台湾法鼓山的创办人。圣严法师生前以中、日、英等三种语言在亚、美、欧各国出版的著作将近百种，在他的著作之中，就目前来看，发行量最多的就是《正信的佛教》，已发行超过数百万册，而译本最多的则是《信心铭》，目前可见的已有十种之多，其他的著作有《法源血源》《归程》等。

在14岁时，圣严法师便在南通狼山广教寺出家修佛，法名“常进”，20岁时即1949年入伍通信连，直到1959年才结束军旅生活，跟随东初老师重新出家。青年时期还曾留学日本，回到台湾之后，法师历任台湾地区中国文化大学教授、中华学术院佛学研究所所长、美国佛教会副会长及译经院院长，创办中华佛学研究所，发行佛学学报及佛学研究年刊，2006年，担任“你可以不必自杀网”的代言人。圣严法师不仅创办了法鼓山禅修道场，还创建了僧伽大学、四种定期刊物以及七个基金会。在2009年2月3日，圣严法师由于长期罹患肾病，于当天下午四时圆寂，享年78岁。

圣严法师于1990年提出“心灵环保”一说，这一主张遂成为法鼓山的核心理念，圣严法师在《平安的人间》一书中写道：我们应该从“心灵环保”的角度出发，一方面保护我们的心不受环境的污染，增强对环境的“免疫系统”；另一方面内心不会有妒忌、愤怒、猜忌、自私等种种不好的心念，使得环境变得更糟糕。圣严法师认为我们的这个心，和外部环境是息息相关的，我们既要在充满各种诱惑的外部环境中保持自己内心的清净安乐，同时也要用自己的这颗光明清净的心去净化外部环境。而清除掉内心的各种多余的欲望和不好的心念，就是现代人应该做的一门日常功课。

对于太虚老和尚的“人间净土思想”，圣严法师一直加以弘扬，并把人间净土思想和心灵环保理念结合起来，留给后人很多智慧法语。这些智慧法语也成为对治人们心灵痛苦的良药，而且还不苦口。

在为人处世、待人接物方面，圣严法师说过："话到口边想一想，讲话之前慢半拍。不是不说，而是要惜言慎语。"因为在佛教中认为身、口、意都是造业的根源，一个人因为造了恶口之业而受到各种果报，也是极为痛苦的。所以，在愤怒的时候不要说话，因为这时候人们情绪激动，思维往往比较混乱，很容易因为在一怒之下说了过头话和狠话，从而使别人受到伤害。

人们的话语，可以救人也可以毁人。会说话的人，只说对他人有助益的话，劝谏别人的话，鼓励别人、启迪别人智慧的话。而不会说话的人，却只会说那些让人听了丧失信心，失去生活信念的话。不同的话语。造成的影响不同，而说话人所得到的果报也不同。在日常的报道里，我们也经常能够看到，有人因为在心情特别不好、情绪激动的时候说了不妥当的话而给自己招来了杀身之祸；而有些人，在他人陷入低潮，或当别人遭遇挫折的时候，不仅从不嘲笑他人，而且还对他人给予鼓励和支持，从而铸造起他人的生活信心，使他人成就事业，这样的例子很多，像这种以话语的力量来鼓舞别人的人，最后往往也得到了他人的敬重和爱戴。

"要想能够说出正面的话、良善的话、有意义的话，首要之务就要从净化自己的心灵开始，有净化的心灵，就会有净化的意念，有净化的意念才能说出良善美好的言语。"圣严法师如此说道。因此，圣严法师所倡导的心灵环保，就是要清扫掉我们内心中的各种毒素：妒忌、愤恨、恼怒、贪婪、执着，这些妄念能够清除掉，内心就自然是光明清净，充满喜乐和智慧的，自然就能说出积极向上的话来。很少见到哪个内心阴暗的人能说出促人前进的话，而那些能够说出使人心生欢喜的话的人，他们的心地一般来说也是善良而美好的。

对于那些在创业过程中屡遭挫折的年轻人，圣严法师则告诉他们："唯有体验了艰苦的境遇，才会有精进奋发的心。"艰苦的境遇，对于我们的内心成长是一种帮助，因为唯有在艰难困苦之中才能成就不同凡响的人生，实现自己的理想，假如没有艰难困苦的磨炼，很难想象一个人究竟能以怎样的心态去面对轻易得到的成功。而唯有那些在艰苦的环境中也不放弃梦想而坚持到底的人，才有资格享受最终的荣耀。因此，我们可以把挫折看做是一场心性的历练，是成就自我的大道。而越挫越勇的气概，勇猛精进的人生态度，不论是对

于成就事业，还是弘法利生，成就佛果，都是一种助燃剂。

当听到一些刚刚步入社会的年轻人抱怨自己找不到合适的工作，自己没有足够的经验去应对工作上的问题时，圣严法师给大家开示说：“感谢给我们机会的人，顺境、逆境，皆是恩人。”在人的一生中，不论你从事什么行业，都离不开人脉，离不开各种人际关系。有些人不懂得怎么处理人际关系，觉得这种事情很复杂，很让人费脑筋。其实，不必去管那些教给人们打通人脉的书是怎么讲道理的，单凭圣严法师的这句话，我们就该品出个中三昧。怀有一颗真诚心、感恩心，往往是赢得他人尊敬、营造人脉关系的最好的办法。而那些所谓的“攻心计”，不过是尔虞我诈的另一种诠释，人与人之间的关系也可以很单纯、很美好，全看我们自己怎么经营它了。

有人曾经向圣严法师求教：“怎样才能做到事事顺利呢？怎么做才能转变对自己不利的环境呢？”针对这个问题，圣严法师告诉大家：“心随境转是凡夫，境随心转是圣贤。”在佛教中认为，我们的这颗心，即人的思维意识，是可以起到扭转环境，改变人生境遇的作用的。最典型的一个例子就是明代的袁了凡先生所著的《了凡四训》中所讲的事情：袁了凡先生早年被一位老先生预言了以后的仕途发展，并说了凡先生尽管这一生算是风平浪静，没有大的波动，但可惜命中无子。但是，到了后来，了凡先生得到云谷禅师的教诲，才知道人的命运全是自己造作的，而一个人这一生的福祸吉凶，全是自己起心动念的结果。因此，圣严法师才说，要做到境随心转，而且这也是心灵环保的一个核心组成部分。

可是，怎么做才算是“境随心转”呢？圣严法师说：“给人方便等于给自己方便。”因此，帮助他人，就是成就自己，也就是在转变自己的人生境遇。我们动一个善念，就为自己种下一个善缘。假如起心动念都是为了帮助他人，为了他人着想，那么自己的生活境遇就会朝着更顺利、更让人欢喜的方向改变。

面对社会上出现的自杀人群增多的现象，圣严法师说道：“超越死亡三原则：不要寻死、不要怕死、不要等死。”他认为当我们面临生活中所遭遇的痛苦、艰难和挫折时，千万不要先想到死，死是最不能解决问题的方法。圣严法

师劝解那些身陷苦恼中的朋友："我们不要对目前的遭遇，存有任何埋怨的心理，应该以平静了业的心情来承受，并且要以更虔诚的心来忏悔行善，以弥补自己所造的业。"关于圣严法师说的这个道理，不论是在佛教故事里，还是在现实生活中，我们所见所闻的都不少。

佛教认为，人们现在或当下所经受的一切遭遇，都是自己过去的行为所带来的结果，即是由以往的业力而牵引来的。要想改变现在的境遇，我们不能抱怨或是恼恨，这种消极情绪对于我们摆脱心理上的重负、改变自己的生存情况是没有一点作用的。圣严法师告诉我们，要以一颗虔诚的忏悔心去行善，帮助别人，改正自己的过错，这就是在消除以往业力对现在生活的负面影响。

业是由我们自己造作的，而业力又是伴随着我们一生，影响着我们每一天活动的一种力量，这种力量会为我们带来各种不同的感受。有人把自己所遭遇的一切不幸都归罪于他人，都是他人对不起自己。圣严法师倒是觉得我们应该怀有一颗感恩之心，以感恩的态度对待身边的每一个人。在这个世界上，没有谁对不起我们，现在我们看到身边有谁指责我们、轻视我们、辱骂我们、诽谤我们，这些也无非因为过去的时候，我们做了同样的事情，所以才招致同样的果报。我们还能怨恨谁呢？一切的起因都在于我们自身。所以，要想改变自己的生存环境和人际境遇，也要从自身的改变做起。

作为一位深受人们敬爱的出家法师，圣严法师不仅留给大家很多充满智慧的教诲，而老法师的精华语录，也成为我们了悟佛法、开悟心灵的宝贵资粮。作为"心灵环保"的首倡者，圣严法师留给我们的精神食粮，对于我们提升人格、培养情操、净化内心都有着重要的指导意义，而老法师尽管已经圆寂了，但他的慈悲心和大智慧，以及"心灵环保"的理念，却成为他留给我们的宝贵精神财富。

一诚：续佛心灯　弘法精进

一诚法师（1927年2月—），出生于湖南宁乡县一普通农户家中，俗姓周，名叫云生，为中国佛教协会名誉会长。1948年周云生来到湖南长沙县的黄金园乡洗心庵，参明心为师，从此剃度出家，承禅宗临济一派，法号一诚，字悟圆。1956年，依止虚云老和尚门下，受具足戒。1957年，在虚云法师的主持下，得到禅宗沩仰宗和临济宗的法脉传承。在1985年，一诚法师担任真如禅寺的住持，此后历任中国佛教协会副会长以及江西省佛教协会会长，2002年当选为中国佛教协会会长，2010年当选中国佛教协会名誉会长。

云生自幼就不喜荤腥，在少年时代就经常跟随亲友来到乌山寺焚香礼佛，不久之后，便跟从一位师父，皈依了三宝，专门修习念佛法门。在22岁的某天，他正在乌山寺大殿里拜佛，当他看到大殿内庄严无比的佛像和佛像前的一支支燃烧着的香烛时，内心顿时充满无上的欢喜之情，于是脱口诵道："今来无三字，皈依故佛前，……乌山寺姻渺，灯光用大千。"

在场的僧俗众人在听到之后无不惊讶，都认为这位年轻人早已具备了修佛成道的夙愿，而如今善根具足，才有出家修学的机缘。有位长辈说："这人和禅法有着深厚的宿缘，而且悟性极高，假如一心参禅，则有望成为一代宗长。"从此之后，云生的皈依老师果然教他改修禅学。当年六月，云生辞别亲人，来到湖南长沙，追随明心为师，始有一诚的法号。

在追随明心法师学习佛法的过程中，一诚法师尤其潜心于《金刚经》的学习和研究，并有着自己深刻的体悟。后追随虚云法师受具足戒，在云居山刻苦修行，由于精勤修习，得到虚云法师的称扬。在1957年，法缘具备时，由虚云老法师亲自主持仪式，将一诚法师列为沩仰宗第十代传人，同年又传授临济宗法卷。在此后的修行生涯中，一诚法师勇猛精进，专心修学，不仅广泛地研读佛教典籍，而且刻苦学习文化知识，由此道业日隆。

1985年秋天，一诚法师升座为真如禅寺方丈，以"继佛续心灯，弘法是家务"为已任，以实践头陀苦行为志向，在主持寺庙事务管理上，法师在注重历代祖师的遗训的同时，还密切结合现代的新形势，形成新一代宗风。由于一诚

法师爱国爱教，道业精进，佛学造诣高，因此在僧俗两界都有着极高的声望。

在和大家谈到佛教的发展和学佛修行这方面的问题时，老法师说：“佛教的宗旨是要普度众生。慈，是指予人于乐，给人带来欢喜；悲，是指要解除人心中的烦恼，解人之苦，佛教始终是在这两个层面上讲慈悲。如果只是予人爱，还不够，还不彻底，它同时还关注人的痛苦。慈悲涵盖了一切让人感动的爱，这是佛教所特有的人文情怀。”（见一诚法师《漫谈佛教的发展与学佛修行》一文）

现在我们这个社会，最缺少的就是人与人之间的关爱和温情。有些人对异性爱得死去活来，但是却不肯奉献出一丁点儿爱回报给社会和大众。这样的爱，只是一种贪爱，贪爱是自己痛苦，他人也痛苦。而大爱，慈悲之爱，不仅能给自己带来灵性的光芒，更能给社会和大众带来温暖。这是一种情感上的升华，更是人格的提高。

还有些人对佛教的“不执着”有些不理解，在做事情时，遇到了困难，就觉得不能执着下去，于是就放弃了自己的理想和初衷，做事半途而废。对此，一诚法师说：“佛教里所说的不执着，是告诉你不要对所产生的烦恼执着，而不是要你放弃做事的执着。要你放下负面的情绪，放下内心的压力和失落，这些压力和失落恰恰来自你内心的不坚定、不明朗。同样的一件事情，让一个信念坚定，内心从容的人去做，他就没有那么多的烦恼和失落。”（同上）

很多朋友都有这样的经历：想做某件事情，但总是犹豫不决的，反复来回地在心里思考、计划，但就是不敢去实践一下。这样来回地犹豫着不仅会错过成功的机会，更让自己的内心陷入不安和烦恼的境地。这就说明，这个人没有放下负面的情绪，心里总是装着恐惧和惊慌，以这样的心去做事，定然不能成功。

真正内心从容安适的人，他们在做起事情来总能得心应手，因为他们有坚定的信念和明确的目标，最主要的是，他们的内心烦恼少。以这种心来做事，不仅能够减少外部的障碍，也能够以轻松的心在人生的道路上勇猛前进。心内的轻松，可以让我们前行得更快，也使我们能够以一种更饱满、更自信的姿态面对命运中出现的坎坷。

那么，佛教是如何教给人们处理日常事务的呢？一诚法师在《漫谈佛教的发展与学佛修行》一文中写道："佛教告诉你该止即止，该行则积极地去行，告诉你要放下你内心的失望和悲伤，积极地去做你要做的事，而不是什么都不作，它始终教导人们用一种积极的、明朗的、从容的心态去对待事物。"

可见，佛教并不是要人们消极、被动地接受命运的安排，或是对事情保持不闻不问的态度，而是让我们学会放下内心的恐惧和疑虑，以一种积极的心态去处理事情。佛教给我们提供的是一种心灵体操，可以让我们以明朗从容的心态面对一切挑战，而这尤其是为现代忙碌的都市人提供了放松身心灵，清净自心，放下任何思想包袱以达到一种自由任运、没有心理压力、毫无阻碍和束缚的精神状态，在这样的状态下做事，往往能够获得意想不到的成功。

"所谓出世的说法是对佛教没有深入的了解，佛教讲'诸恶莫作，众善奉行，自净其意，是诸佛教'，这是佛教的根本。佛法是心法，不作恶，行善，始终要人们放下的是内心的消极的执着，以完成人生的升华。"一诚法师就大家对佛教抱有的出世论谈了一下自己的看法，老法师认为佛法是一种心灵学问，而人们的心灵始终是要放在现实生活之中的。因此，佛法是一种调心的法门，佛法也不是超然于世外的，而是一种指导人们如何在现实生活中调整自己的心态的方法。

佛教的根本是劝善止恶，净化心灵，而最终目的无非是实现自利利他，实现社会的和谐以及人们生活的美好，提高生命质量。一诚法师也希望每个人都能了解佛法，明白自己的命运由自己掌握，只有多积善缘，才能有更多的福报，以改变外境对自己不利的因素。

在2003年9月，一诚法师担任中国佛学院所在地北京法源寺的方丈，一诚法师指出，在现代社会，佛教界应该大力弘扬佛教的优良传统，爱国爱教，自利利他，不仅要加强中国佛教自身的建设，培养更多爱国爱教、德才兼备的僧尼队伍，加强佛教道风建设，而且还要开展同港澳台佛教界以及海外侨胞等华人佛教界的联谊工作，加强交流与合作，为弘法利生作出贡献，为促进祖国统一而做出努力。一诚法师以他的实际行动向世界宣告了新一代佛教界人士对于国家的爱、对于众生的感念之情！

传印：净念一心　法印长传

传印法师（1927年1月—），俗姓吕，字月川，名毓岱，于1927年1月30日出生在辽宁庄河，1954年在江西云居山出家，1955年受戒，依止虚云法师，授沩仰宗法系第九代传人。现为中国佛教协会会长，中国佛学院院长，庐山东林寺方丈。

传印法师出生在一个佛化家庭，母亲和姐姐都于1960年出家修学。法师幼年时因为家庭教育，而信仰佛教，在1947年皈依于本县普化寺的崇仁法师，追随其研习佛学，并剃度出家。1954年来到江西省永修县云居山真如寺，并于次年冬季依虚云法师受具足戒。1956年起亲侍虚老左右，并赐法名宣传，是为沩仰宗第九世传人。

1960年9月，法师入中国佛学院，于1965年9月本科毕业，之后又回到江西云居山真如寺，担任典座并兼任副寺。1978年秋，应邀前往浙江天台国清寺任职。1979年12月，又调往北京中国佛教协会。1981年春，法师前往日本京都净土寺佛教大学进修，于1983年12月回国。此后在中国佛学院担任教务长。1994年8月，担任江西庐山东林寺住持。1999年2月，担任北京市佛教协会会长。2010年2月当选中国佛教协会会长，并于10月被增补为全国政协委员。

传印法师为当代禅宗、净土宗的一代高僧。他学识渊博，著作等身，同时也是中国佛学院最早的本科生之一和中国佛教界第一批赴日留学人员，大师的主要著作有《印度学讲义》《净土宗教程》《中国佛教与日本净土宗》等。多年来传印法师不仅精心管理着佛教事务，而且还十分关心佛教在现代社会的发展问题。

传印长老在为《慧思大师文集》所作的序言里如是说道："这是一个物质的丰盛年代，却是一个精神的末法时代。物质与精神严重失调，影响社会和谐、人与自然的和谐，最重要的是影响人们自身内心的和谐。"

可见，即便拥有再多的物质财富，假如不能实现内心的平和、宁静、喜悦，我们的生活也不会是幸福的，我们的人生也必将是枯燥无味的。当物质生产与精神需求严重失调时，人们的内心就必定不会平静，而内心的烦闷、暴

躁、抑郁等负面情绪绝对会引发各种社会问题。因此，佛教净化人们心灵的作用也就显得尤为重要。

至于要如何最大限度地做好弘法利生事业，传印法师认为，出家人也要跟上时代前进的步伐，利用现代社会的高科技手段来弘法利生，佛教教育不能对这些新事物坐视不理，而是要跟上时代，积极利用诸如网络空间、远程授课等新事物的积极作用，来普及人间佛教建设。

在普及人间佛教建设的过程中免不了讲经说法的工作，而这项工作却又是最为繁重的。传印法师认为，讲经说法尽管任务艰巨，工作繁重，但是却对佛教的发展，特别是佛教在现代社会中获得新的生命力以便能使更多人沐浴在佛法智慧中起着重要的作用。

传印法师说，佛教经典就如同大慈大悲大智之水，以这些水来浇灌有情众生，可以使世间有情成就诸佛菩萨一般的智慧果实，而这也正是佛陀建立佛教时的初衷。可以这样说，讲经说法的一大意义就是可以帮助众生获得智慧，得到解脱，成就无上善果，不论是出家法师，还是在家的善知识，假如能够如法地向人传授佛教经典，启人智慧，发人深省，那么他的功德福利便是不可思议的。假如大家都能有这个发愿，或者尽自己的力量向人讲解经典，或者尽可能地多向善知识学习经典中的智慧，这无疑是在给自己增加福慧。

讲经说法，虽然很辛劳，但这也是佛门弟子不断践行四弘誓愿的主要途径。佛弟子的四弘誓愿是：众生无边誓愿度，烦恼无边誓愿断，法门无量誓愿学，佛道无上誓愿成。众生如何度？自然是要依靠佛教经典中所宣讲的佛法。佛法如同度人的船，而讲经说法的佛弟子便是掌舵的人。你肩上担负的是世间有情众生能否得到解脱、出离生死轮回的重任，因此，各位佛弟子也该明白自己所担负的如来事业有多么重要。

那么，无边的烦恼如何断除呢？自然还是要用经典中的佛法来对治。佛弟子跟随法师学习，尚且不能做到精通每一部经典，更何况是普通的众生呢？因此，佛弟子不仅要努力学习佛教典籍，去实践、去觉悟，而且还要教给别人如何实践，引导大家共同开悟。如此，大家的烦恼才可断除，内心的烦恼渐渐少了，内心世界便多了一分清明，这世间便也多了一些平和。

再有，无量法门如何才能学通学透学彻，自然是在讲经说法的过程中来不断深化自己对佛教经典的理解和认识程度。佛弟子在给其他众生讲经说法时，其实也是在考察自己平时是否认真地、深刻地学习、领会了佛教经典。每次讲经说法，其实都是对以往所学法门的深化，看起来，佛弟子讲经说法是在帮助他人，利益他人，其实这个过程也是在帮助他自己啊！

佛道如何能够成就，这个问题可就不光是和佛弟子一个人有关了。只有世间的众生都被度脱，佛弟子的使命才能算是完成，佛道才能成就。须知道，你与众生体性无二，众生能够出离苦海、跳出轮回，你才能够出离苦海、跳出轮回。大乘佛法讲求的是自觉觉他、自他两利、普度众生，只有众生悉数度脱，你的佛道才算真正成就。

讲经说法，也是佛弟子报恩济苦的体现。我们每个人来到世间就有四重恩要报：国家恩、父母师长恩、一切众生恩和佛法僧三宝恩。此外，还有三途苦需要佛弟子济度，这三恶道分别是饿鬼道、畜生道、地狱道。而报恩救苦的最好手段就是讲经说法。为什么呢？世间一切珍宝，都不会长久存留，你用多么珍贵的宝贝去供养众生，报答众生恩情，都太肤浅。可唯有佛法智慧却是世间稀有难得、最为殊胜的，你讲经说法启迪众生的智慧，引领他们体悟心性，证得无上善果，试问世间还有什么能够比得上讲经说法所带给众生的幸福和喜悦呢？

此外，讲经说法还有利于净化人们心灵，提升大众的人格境界和思想情操。对于那些整日沉迷于声色歌舞和名利地位中的人们来说，不啻为一支清醒剂，唤醒他们沉睡已久的良知，以及沉迷于轮回而不自知的迷梦。佛弟子讲经说法，用自己的言传身教警醒世人，美化人伦，提升整体的道德素养，从而实现诚信互助、奉行众善的社会和谐风气。

传印法师在弘法工作中还谈到佛教教育在现代社会所面临的机遇与挑战这一问题。传印长老认为：“从中国佛教的历史经验看，佛教自身建设的好坏是决定佛教兴衰存亡的根本内因。能否抓住机遇、面对挑战，归结于佛教自身建设的开展与深化。”

我们知道，佛教是知行并重、悲智双运的自觉教育。佛教教给人们在日常

生活中探求智慧，从智慧中升华自我，不断改善自己的人生，进而创造人类文明。佛教自身的建设，其实与人类文明的发展有着千丝万缕的联系，因此，佛教界应该在加强自己文化建设、理论建设的同时，不断推动社会文明的进步。

而传印法师所说的“佛教自身建设如何开展并深化”，应当是随着现代社会的发展而积极投身到建设社会、服务大众的事业之中。佛教信众依靠内心的自省、自觉来探索人生的意义、思考人生道理，并且还把这种智慧和人生道理传授给他人，从而推动社会文化的发展，这就是一种认识层面上的深化。

内心的反省、自觉，以及对苦恼生命的弃绝、对清净自由的渴望，这是佛教信仰之所以能够建立起来的基础。而现代社会中，佛教徒应本着佛教慈悲利生的精神，通过教育、文化、慈善、民俗活动等渠道，引导社会文化的思潮朝着正确的方向发展，并从自身做起，扶正社会风气，为缔造和谐幸福的社会贡献出自己的力量。

传印法师普劝佛弟子，要远离恶行之过失，远离烦恼之污染。佛弟子在现代社会中要努力践行慈悲、利生、度众的佛陀事业，净念一心，为社会的和谐发展、为道德风气的提升而不遗余力，奉献终生。

净慧：觉悟人生　奉献人生

净慧法师，法号妙宗，于1933年出生在湖北新洲，1951年在广东云门寺受比丘戒，追随中国近代禅门大德虚云老和尚。由于净慧法师极具悟性、因此颇受器重。净慧法师由于深受虚云法师的影响，提倡以“觉悟人生、奉献人生”为宗旨的生活禅，以此来发挥禅在现实生活中对人们平衡心理状态所起到的作用。净慧法师还主张“在生活中修行，在修行中生活”，引导广大僧俗信众在现实生活中担负起自己的使命，努力完成自己应尽的义务。

为了能够让更多的人了解禅的智慧，在禅悦中受益，改变以往的不良心态，创造更美好的生活，净慧法师多次举办“生活禅夏令营”，以便让越来越多的人深入到禅的慈悲和智慧之中，并以这种慈悲和智慧来服务社会，造福众生。

净慧法师所倡导的“生活禅”，就是要告诉大家，生活和修行是两不分离的，而且修行可以让生活变得更幸福，使人生变得更快乐。修行的一大功效就是开发智慧，提升道德，人们的智慧不断得到开发，人们的心性不断变得清明，而道德品性也在向好的方面转变。道德品性转变后的结果就是有更多的人开始思考人生、觉悟人生，并奉献自我，消除小我的私欲，而把自己的光与热奉献在对利益社会和他人的事业之中。这样的人生怎能不快乐？这样的生活怎能不幸福？

净慧法师针对现代社会普遍存在的冷漠现象，劝导我们应该做到“凡事感恩”，不论是亲人为我们做的，还是外人为我们做的，乃至于一点一滴的帮助，我们也都要感恩。怀有感恩之心，才不会面对他人的困难和痛苦无动于衷。怀有感恩之心，才能救治社会上越来越多的“冷漠病”。

著述颇丰的净慧法师近些年来的佛学著作主要有《禅堂夜话》《心经禅解》《做人的佛法》《中国佛教与生活禅》《生活禅钥》等，这些佛学著作从各个角度、多种层面探讨了禅与人生、禅与生活的密切联系。佛法与生活本就是不一不异的，这也是净慧法师倡导生活禅的理论依据。

“从觉悟者来看，生活就是佛法，佛法就是生活，世间与出世间不二，

烦恼与菩提不二，生死与涅槃不二，此岸与彼岸不二，消融了一切对立面，一切处于中道。”净慧法师引导人们在禅的觉悟中泯除一切分别妄想，熄灭一切烦恼火焰，从而沐浴在禅的清凉和甘甜中。如果把佛法与生活看做是截然对立的，因为这个分别心而导致自己妄念不断，三毒横流，烦恼丛生。这样的人生，才是真正的枯燥无味，没有乐趣也没有希望。

可见，生活的意义是自己创造的，而人生中的乐趣和幸福也是源自于自己的一心。迷悟之间，是两种不同的生活状态和精神境界。而佛法就是用来解决迷悟之间的差异的。用一颗禅心，一点智慧来解决人生中的各种迷惑，直到我们能彻见心性的光明，我们就会有一种成为命运的主人的感觉。

净慧法师教导我们，生活禅是禅在人生日用中的落实与运用，而其要领就是把握当下一念，一切的证悟都只在当下。因此说，禅修与生活是须臾不分离的。“让禅成为人生的一种生活方式、生活态度、生活内涵”是净慧法师的心愿，也是对生活禅内含的最好注解。

净慧法师根据他的禅修体悟，为我们总结出做人八字方针，即：信心、因果、良心、道德；还有做事八字方针：感恩、包容、分享、结缘。这十六个字可以说是净慧法师为我们提出的人生指导。真正的生活禅就是要落实在做人做事之中，而这十六个字，都不离禅心禅意。

人的生命其实是一个很漫长的过程，按照佛教的教义，一个个体生命将要永远在六道轮回中流转，在十二因缘中经历着百转千回，于是各种痛苦、烦恼都是难免的。我们一直在流转着、轮回着，难以获得自在自由。只有沉浸在禅悦之中，我们的心才能焕发出本应有的灵明和活力。

人的生命有时很短暂很脆弱的，一个意外事故、一场突如其来的疾病，就能带走生命。因此，我们就该加倍珍惜当下的时刻，好好把握现有的时间，多做自他两利的善事，在当下的一刻实现心灵的解脱以及对生死轮回的超越。这就是生活禅希望大家最后参透的道理。

净慧法师的生活禅理念，是把禅的思想融入到现实生活之中，在生活中实现禅悦，在禅悦中提高生命质量。生命与禅是一个整体，人生与佛法是一个整体。净慧法师的这种佛学理念，可以说是禅宗这一中国化的佛教宗派发展至今

的新生命力的体现，更是佛教这一古老东方智慧在现代生活中所呈现出来的勃勃生机。净慧法师在柏林禅寺举办的“生活禅夏令营”活动，也使更多的人通过习禅、参禅来感悟生命，创造更加自在完美的生活。而净慧法师的生活禅理念近几年也被越来越多的人所了解、所认同，生活禅也正是佛教智慧在新的社会中所呈现出来的新姿态！

学诚：无我无畏　无私无忧

学诚法师于1966年10月3日出生在福建省仙游县一个佛教氛围浓厚的家庭，法师俗名傅瑞林。了解法师的人都知道，他从小便沉默寡言，不喜言语，法师不仅学习勤勉而且孝亲懂事，自幼茹素，跟着笃信佛教的母亲一起学佛、读经、良好的家庭氛围对法师以后的人生道路起了至关重要的影响。

据说在祖母和母亲的影响下，学诚法师12岁就开始阅读佛经，并经常去附近的玉塔寺，随着年龄的增长，法师对于佛教的了解也越来越多，也正是在这个时候，他萌发了出家的念头。法师的父母自然不肯，法师也只好继续学习，在完成学校布置的学习任务之后，总不忘诵经打坐，而且对历代祖师的传记尤其喜欢，立志也要像玄奘大师那样弘法传法，担负起如来普度众生的宏伟事业。1982年，法师终于如愿出家。

18岁时，法师以优异的成绩考取了中国佛学院本科班，从此之后，法师更是刻苦钻研、勤奋学习，法师的依止上师圆拙老和尚以及赵朴初居士都对他寄予厚望，为他解决了很多生活上的困难，而圆拙法师更是在书信中表达了自己对学诚法师的殷切期望。学诚法师22岁时又继续了研究生阶段的学习，并在同年于四川成都文殊院宽霖大和尚座下受三坛大戒。

在这之后，学诚法师以他出众的学识受到佛教界的注意，而当时广化寺的老方丈毅然法师已经退居，于是在赵朴初居士的关怀下，经过毅然老法师的举荐以及全体执事的一致认同，决定让年仅23岁且尚在佛学院深造的学诚法师担任广化寺方丈一职。学诚法师却认为自己学业尚未结束，而德行也不够圆满，尚且不够资格担任这一职位而几度推脱，并一度不告而别，但是，最终学诚法师还是在僧俗两众的期望下荣膺广化寺方丈。更为可贵的是，学诚法师在担任方丈期间仍然刻苦攻读研究生课程，并在1991年获得了硕士研究生学位，同时兼任福建佛学院副院长，在1993年被选为中国佛教协会副秘书长。

此后的岁月里，学诚法师又兼任数职，每天的工作量也逐渐多了起来，可是法师并不以此为负担，反而更加认真地完成每一项工作。“无我无畏，无私无忧”是学诚法师经常说的一句话，他用这句话来鞭策自己，同时也是在勉励

众生。真正的大乘菩萨道精神都在这八个字中得到了彰显，假如我们每个人，都能将这八个字牢记在心中，并且践行在各自的实际生活中，那么我们的生活绝对可以发生新的变化。唯其无我，才能生出怀有天下众生的慈悲之心；唯其无畏，才能在弘法利生的事业中投入进来，发挥勇猛精进、永不退转的金刚大无畏精神；唯其无私，才不会时时刻刻惦记着自己付出的辛劳与甘苦，而是首先考虑到众生的安乐与幸福；唯其无忧，才能承担起如来重荷，为世间众生指明心灵解脱的方向。

不论何时何地，大家看到的学诚法师都是慈颜爱语、自在又和气的样子。更难得的是，即便每天的工作任务再重，学诚法师却没有把目光只停留在佛教内部的事务上，他还十分关心国家大事和世界和平问题。为了促进佛教文化在现代社会的发展，为了使佛教能够为世界和平作出应有的贡献，学诚法师近几年来撰写了大量论文。由于法师长期以来为佛教发展和世界和平所作的贡献，在2010年，学诚法师获孟加拉国阿底峡大师和平金奖。

用通俗易懂的文字说理，把佛法融汇到现实生活之中，这是学诚法师给僧俗两众做开示时一贯保持的特点。佛法本来就是与现实生活相即不离的，为了能够使这种古老的东方智慧对现代人的身心建设起到更多的帮助作用，学诚法师还在自己的博客里写了许多与大众生活相联系的文章。在法师的微博上，我们可以看到很多关于佛教文化的内容，既有关于出家人生活的照片、也有法师的智慧法语精华以及法师为各位网友的答疑解惑和心灵互动。通过这一平台，不仅让国内的网民了解到佛教在中国的发展情况，也让其他国家的网民也看到了佛教这一古老智慧在今天的蓬勃发展以及对人们身心灵的净化和提升所起到的作用。

学诚法师尚在佛学院学习时，就得到赵朴初居士及其他法师的赞赏，赵朴老还为其题诗，诗曰："律己其志刚，接物其气柔；学修不出门，声教及遐陬；如何办道场，侥于此间求。"从中既可看到学诚法师精进求学、弘法志坚的决心，也可见到赵朴老对佛教人才的爱惜之情。如今，学诚法师作为佛教弘法事业中的新生力量，以其广博的学识以及对弘法事业的一腔热情，奔忙在为众生开启心智、净化人间的弘法利生事业之中，而学诚法师的智慧法语更成为鼓励现代人，尤其是青年一代人觉悟智慧、创造幸福人生的指向标。

济群：沩仰传人　学修并重

济群法师，1962年出生在福建省福安县的一个具有浓厚佛教气息的家庭。法师曾经在宁德支提寺、闽侯雪峰寺体验过出家僧人的寺院生活，1979年在法鼓山涌泉寺的普雨老和尚座下剃度出家，1981年在北京广济寺受具足戒。

1984年，济群法师毕业于中国佛学院，随后又到福建佛学院、闽南佛学院、戒幢佛学研究所参学任教，多年以来一直奋战在教书育人、培育佛教界人才的事业之中。作为沩仰宗第十代传人，济群法师学修并重，长期从事唯识、戒律的研究及讲授。

近些年来，法师在修学、授课之余还发表了大量佛学论文，并有多种佛学著作，诸如《生命的痛苦及其解脱》《金刚经的现代意义》《学佛者的信念》《心经的人生智慧》《幸福人生的原理》《与济群法师面对面》等佛教系列丛书，使现代人重新认识了佛教，也认识到佛教对调节人们心理问题所起到的辅助作用以及对人们心灵、智慧的开发上所起到的积极影响。济群法师不仅著述很多，而且还积极从事着弘法利生的事业，他经常在欧美国家、中国大陆及港澳地区的高校、寺院、信众团体应邀进行讲座和演讲，为佛教在现代社会的发展起到了推动作用。

济群法师继承了太虚老和尚的人生佛教思想，提出佛法是指导人生、提升内在生命的一种的智慧。最近几年，济群法师将弘法重点转向了道次第、菩提心合皈依，着重佛法基础建设，力求使佛教走上现代化发展的道路，使佛法走入生活，成为解决人们在实际生活中所遇到的心理难题的一种辅助治疗手段。

济群法师经常说，现代社会最大的问题，就是人心的问题，正所谓“心生则种种法生”，大众有着什么样的心，就会有什么样的社会。只有心态改变了，各种生活中的难题才能够迎刃而解。而法师之所以积极地弘扬佛法，也是为了帮助大家能够树立起积极、向善的心态，树立起正确的人生观，这也是在为社会尽一份责任，更是实践佛菩萨的慈悲精神。

在谈到当今社会中普遍存在的执着问题时，济群法师说：“如果不放弃执着，将始终处于有限状态，我们在乎一件事，就会落入相应的陷阱中。一旦打

破这份执着，心就能和整个宇宙相通。”

说到底，执着就是因为没有看到一切事物和现象背后的空性所在。以佛法的观点来看，物质现象并没有一成不变的实质。若你知道，自己苦苦追寻的东西，不过是须臾之间就变成另一模样，自己拼命追求的事业、成功、财富等，其实也不过是随顺内因外缘而暂时生起的现象，终究不会长久存在，那么你还会将有限的生命耗费在对物质和感官欲望的无尽的追逐中吗？因此济群法师又说：“只要不落于能所的执着中，当下一念就是超越时空、亘古亘今的，从未离开无量亿劫。”一旦我们能够了达事物无常、无我的本质时，我们就能够做到淡然面对一切，不论外部环境如何流转，我们的心也不会因此而摇动不安，这时才是真正的大自在境界。

在谈到现代人修学佛法的目的和意义时，济群法师开示大家道：“学习佛法，是为了能够直面生命现实，树立明确的人生目标。面对烦恼，积极地以智慧去化解，而不是寻找一种自我安慰，更不是自欺欺人。佛法教导我们从更高的角度透视世间，从根本上断除烦恼产生之因。”

对于“佛教与社会前进发展的方向不相适应”的说法，济群法师也做出了回应，他说：“佛学佛法的根本目的是要开启内在智慧，培植起慈悲心，然后尽自己的能力去利益众生，造福社会。这与社会发展是并不矛盾的。”“佛法在世间的使命是利益一切众生，使之断烦恼、开智慧、了生死，这也是它的存在价值。而从更为基本的层面来说，则是帮助我们获得良好的心态，而这也正是很多人所渴求的。”

在现如今，很多人不仅活得迷惘、痛苦，而且在很多国家和地区自杀率一直居高不下，而患有心理问题的人们更是不在少数。这既是社会发展前进中所不可避免的社会问题，也说明物质财富的多少与人们内心健康的程度是没有直接关系的。佛教作为一种了解生命真相、获得内心解脱的人生智慧，给我们提供了许多对治人生痛苦的方法，为我们如何实现自己的人生价值指明了正确道路。佛法智慧就是给我们一个转依的方法，所谓转依，就是转变当下的生命，改变、完善自己的生命，将有缺陷、不完满的生活转变、改造为解脱而圆满的生命。就像我们认识世界，是为了改善世界一样。我们学习佛法并实践修习，

正是为了能够使自己、也使他人，从一种迷惑的状态转变到一种觉悟的状态。

济群法师作为一名出家30年、弘法教学20年的导师，不仅以自己的实际行动说明了在现代社会中出家法师应当肩负起的领众修行的责任，更是担当着人们精神导师的角色。他不止一次地说过，出家人应该起到化导社会、净化人心的积极作用。而在济群法师的身上，这些作用我们都已看到！

明海：临济传人　心灵导师

明海法师，俗姓肖，祖籍为湖北潜江，1968年出生，1991年毕业于北京大学哲学系。据法师自己讲，他从1989年始，就钟情于佛学研究，而且在1990年的时候前往北京广济寺，在那里结识了禅宗高僧净慧上人，并从此依止上人，归心佛门，潜心研究佛学专著。在1992年9月，因缘成熟的明海赶赴河北赵县柏林禅寺，在净慧上人座下剃发出家。在1993年，又于洛阳白马寺受具足戒。2000年在净慧上人的座下成为禅宗临济宗第四十五代传承。明海法师现在担任柏林禅寺的住持、河北省佛教协会副会长。

随着社会的不断发展，网络技术的普及，弘扬佛法、利生度众的方法也应与时俱进。有很多出家法师都在使用个人博客、佛学网站等弘法利生。明海法师就在博客上谈到过出家僧人现代化的问题，他在博文中记叙了自己和一位出租车司机的对话，讲到出家人用网络等现代化手段弘扬佛教、利益众生的事。文章还提到有很多人对于使用网络弘扬佛学佛法还是持赞扬、支持的态度的，这也说明佛法的弘传进入了一个新时代。

明海法师喜欢写作，他用自己灵动的笔触为大家开示着心灵上的智慧。在《培养自信心的方法》一文中，明海法师谈到如何让自己有自信、有力量。他说首先就是要坚守承诺，然后是要有行动。在说起坚守承诺这个问题时，明海法师告诉我们，所谓的坚守承诺首先就是对自己守信用，要对自己诚实。假如自己给自己制订了什么计划，但就是不去实践，那么我们的内心注定就是与“信心”无缘了。“要坚守你的承诺，你给自己定的规则，你每坚守一次，自信心就会增加一点。”明海法师认为这种自信心的培养应该从日常生活中的小事开始，从这里也可以看出，佛教并非是远离生活的。而真正的培植福慧，也必定是从一点一滴做起，可见学佛需要的是踏实而端正的态度。

“生命念念常新，是活泼泼的。这是一个无须论证的真实。在这里，一切理论、言谈、造作、追寻俱显多余与苍白。禅正是在这里拯救了我们，茶也正是在这里封上了我们的嘴，把我们带入静默的当下。这一杯茶，也是亘古常新的，它似乎就是人类几千年、几万年上下求索的最终答案。尤其在今天，当

越来越多的人陷溺于五欲尘劳，在浮尘光影中迷失了自心的时候，赵州和尚的‘吃茶去’让我们跳出来，与佛祖相见，与心性本来相见。” 这是明海大师十分有代表性的一段法语，他说阐释的道理和六祖惠能开示给众生的禅理是如此地契合！

让我们心灵困重、劳顿的并不是外境的艰苦，也不是生活上的困难，而是我们自己越来越多的欲望和不知满足的渴求。有时候我们觉得压力大、心里很累很疲惫，甚至感觉不到生活的乐趣，也看不到人生的意义，这只能说明我们需要用禅的智慧来调节一下自己的贪欲，用佛法的甘泉来滋润心灵的干涸。我们的生命，其实一直都是美丽而精彩的，只要你看到心性上纯净，安住于无欲而淡泊的刹那，自然就能够在劳顿中解脱出来。

在《什么是富贵》一文中，明海法师的说法对我们现代人颇有启示：“富贵有两种：一种是相对的，另一种是绝对的。‘富甲天下’‘位列王侯’是相对的富贵，‘身心自在清净’是绝对的富贵。第一种是有所得的乐，第二种是无所求的乐；第一种是混杂和短暂的乐，第二种是纯粹和恒久的乐。”

我们往往把获得多少薪水，积攒多少钱财，攀上多高的职位看做是人生的成功。但是这些东西，也不过是工具而已。我们拿薪水，是因为我们要生存；我们积累钱财，也算是未雨绸缪；而我们能有多高的职位，管理多少人，则要看每个人能力的高下而定。但是，不论我们拥有什么、拥有多少，一样还是什么都带不走。人的生命总是有限的，假如把这宝贵的光阴全部用来追求外物，那么我们又怎么有时间去观照自己的心灵呢？物质上的匮乏也许是暂时性的，可是心灵上的匮乏假如不得到解决，那么痛苦就会永远跟随着我们。因此，明海禅师告诉我们，那恒久和纯粹的欢乐，不是用钱能够买来的，这样的快乐只在你自己的心中，当然，你也可以把这种喜悦和他人分享。

在《修行是独行道，没有人能代替》一文中，明海大和尚说：“真正的修行是面对自己，观照自己，改变自己。这是寂寞之道，是独行道，没有人能代替我们做。” 不仅修行不能有人代替，就是各自的生活也是如此。不要看到别人穿名牌、开豪车就很妒忌，他的生活你不能操控；而当别人笑你没有事业、挣不了大钱时也不要沮丧或是懊恼，因为你自己的生活，别人也无法代替。

而若想生活得安乐，心内清净祥和，我们还需要时刻反省自己，明海大和尚说："不光是佛法的修行，就是很多世间法的修习，都离不开反省。"反省对于学佛来说是一种很好的助益。如今人们都喜欢看他人的不是，总是看别人不顺眼，总是觉得同事欺负自己、同僚打压自己，这些都是别人的过错。假如我们能做到先进行自我反省，而不是一味地苛责他人，我们的人际关系是不是会越来越和睦呢?

可见，明海禅师的这些法语，对于现代人来说是有着很多的启示意义的，这也说明，佛学佛法并不是离开人家、远离人们生活的，更不是遗留在古代的一种东方智慧，而是适合现代人调节自己心理的一种有效手段。在明海法师看来，修行就是在培养我们的勇气，这是一种能够应对各种不利境遇，甚至是被死亡而逼迫时也有的勇气和气度，这样的勇气和气度往往能够催促我们在人生的道路上不懈前进，更能成为我们战胜困厄和逆境的有效武器。

明海法师不仅博学多才，大慈大悲，而且积极投身于社会公益事业。为了救助身患先天性心脏病的儿童，法师特举办"爱与心相连"慈善义演活动，所筹款项悉数用于救助他人；而《从心开始》慈善音乐专辑，则是专门救助因意外受到伤害的贫困大学生；柏林禅寺数年如一日地资助贫困学子，更是被传为佳话；生活禅佛学夏令营至今已连续举办将近二十届，让越来越多的年轻人感受佛学的智慧、体会佛教文化的精髓，所产生的社会影响十分深远。

海涛：生命教育　利益众生

海涛法师，1958年生于台湾高雄，祖籍在福建，俗姓黄。

说到海涛法师的出家学佛弘法因缘，要从1991年开始算起，那一年，海涛法师来到台北的慧日讲堂，见到面庞慈悲的佛像以及在场法师们自在随和的风采神情，便十分喜欢，特别是对佛教博大精深的哲理和丰富多彩的佛教文化，更是由衷地迷恋。他先是皈依于法振老和尚，后因为倾心于印顺老法师人间佛教的理念而发心出家。

1992年，在慈云寺受了在家菩萨戒，1993年6月在新竹由其师公真华法师代为剃度，依止如虚老和尚。1994年又从戒德老法师座下受了具足戒，在出家弘法生涯的十数年中，海涛法师通过电视台、开办心灵讲座等方式向人们传播佛法智慧，并在社会上开展了放生、护生等各种公益活动，以此来推广佛教的慈悲和爱心的理念，培养社会以及大众对佛教的正确认识。

2002年在香港观宗寺觉光长老的印证下，授以天台宗第47代法脉。多年来，海涛法师努力践行天台宗教观双美、知行合一的精神，在一系列社会公益活动中，发挥着佛教自利利他、广度众生的社会作用。

十数年来，海涛法师本着服务社会、利益群生的信念，奔波在学校、监狱、看守所，以及海内外各地，弘扬其“生命教育”的理念。为了能够将佛法智慧和佛学改善生命质量的重要意义更加广泛地在世间传播，海涛法师多年来辛苦奉献，推动成立了佛陀教育中心、中华印经协会、中华护生协会、生命电视台等机构，用各种方式、从各个层面弘法度生，以期能用佛学智慧来改善人们的生活，提升心灵能量，以此来鼓励大家多做善事，回报社会，利益众生。

在各种大小讲座中，海涛法师经常用活泼生动的语言、丰富深厚的佛学知识和新颖独特的小故事给大家带来佛法的甘霖，带来生活上的各种启示。比如在劝诫大家要改掉易怒、爱生气的毛病时，海涛法师说：“每当遇到惹我生气的人或事，我们就可以在心中默念这三句话：一切众生都是过去父母，一切众生都是现在菩萨，一切众生都是未来佛。”

海涛法师告诉我们，在遇到有人为难我们、欺侮我们、使我们生气的时

候，就可以这样想："佛陀告诉我们，一切众生都曾做过我们的父母。遇到惹我们生气的人，就想一想他们过去世也曾经像我们现世的父母一样，含辛茹苦地抚养我们，照顾我们，关心我们，疼爱我们，我们还会忍心嗔恨他们吗？"

所以说，当你觉得有人冒犯了你，冲撞了你，伤害了你，你不妨把这人想成是自己过去生中的父母。想一想这人在过去生中对你所做出的种种恩德，你还能怀着嗔恨之心去对待他吗？你的脾气消了，你能和颜悦色地说话，岂不是也在为自己增添福报吗？

印光法师曾说过："看一切众生皆是菩萨，唯我一人实是凡夫。"海涛法师讲："那些惹我们生气的人都是在助我们修忍辱，助我们修行，所以，我们应该视他们为菩萨。阿底峡尊者当年从印度到西藏，一路上专门带了一个侍者，叫他用各种方法来激怒自己，为的就是可以有机会修忍辱。而我们现在遇到了惹我们生气的人，相当于得到了免费的忍辱机会，我们应该感恩、顶礼他们，视他们为菩萨。"

忍辱行难修，但修好了绝对会给自己、给他人带来无上的利益。你能忍下各种屈辱，必能成就无上的事业。民间也总有一句俗语："吃得苦中苦，方为人上人。"你能忍受别人所不能忍受的，不就是比别人又多了一次磨炼吗？人的心灵能量的提升，便是从一次次的磨炼中得来的。这个磨炼是谁给你的呢？当然是那些惹你生气的人。从这一点来说，你以后的成就全是这些人帮助你的，难道他们不是菩萨吗？

海涛法师同时也告诉大家，在被人激怒时，一定要先让自己冷静下来，然后进行下面的观想："我们的眼光要放长远一点，不要局限于现在，虽然惹我们生气的人现在还没有成佛，但一切众生将来都是必定要成佛的，只是时间上早晚的问题，一切众生都值得我们像佛一样去尊敬，怎么可以起嗔心呢？起嗔心就是在嗔佛。"

我们一天到晚地念佛、拜佛、求佛，可是当佛在我们眼前时，我们却看不到。那激怒你的人，以后也会成佛。假如这样一想，我们还会生气、愤怒、嗔恨吗？你的嗔恨和怒火，并不会让别人如何，反倒是让自己平添了种种烦愁和不快，损害了自己的身心健康，佛门有言道："一念嗔心起，火烧功德林。"

可见，爱生气的人将会给自己带来多么大的恶报！

这些颇具启示性的法语，对压力大、身心困重的现代人来说，是多么的需要！而这些充满智慧的开示，却还仅仅是海涛法师多年来在各种生命教育讲座中的一例而已。

这出家弘法十余载的生涯中，海涛法师所到之处必定是一派安乐祥和的气氛，海涛法师所讲的法语，每一句都是智慧的凝结。他用自己的心血服务着社会，利益着大众，他也用自己的实际行动告诉社会各界人士：真正的快乐，不在于外表怎样、有多少钱、有多高的地方，而在于我们对待生命的态度。海涛法师有句话说的很正确：“每个人都是自己命运的‘风水师’，你想要美好幸福的生活，你就要从行为上、从思想上变得充满喜乐和善。现代很多人都抱怨自己生活不顺心，事事不如意，人生中充满了痛苦，假如他们明白‘人是自己命运的主宰’，他们还会如此抱怨并怀着嗔恨吗？”海涛法师的这句话，值得我们每个人记在心里，而且更是鼓励我们要在思想和行动的层面改善自己，从而也改善自己的生活。

大安：净宗圣尊　当代巨匠

大安法师俗姓魏，名磊，于1959年3月出生，祖籍江西南昌。目前担任江西庐山东林寺方丈，同时也是净土宗研究生班导师、《净土》杂志的主编。

大安法师早年在大学执教时，便寄心正法，留心于净土，并对净土宗的发展源流、教义理论等认真钻研。大安法师的《净宗法语大观》《净土宗教程》等关于净宗研究的著述以及百余篇论文，无不得到僧俗两众的喜爱与赞叹。面对当代社会浮躁的风气，大安法师发心弘讲善导大师、莲池大师、藕益大师等净土祖师的著作，希望能够净化社会风气。

在现代社会，很多人都希望自己的事业能做大做好，因此有些人难免要急功近利，为了自己事业的成功而做出一些不太光明的举动。面对这样的风气，大安法师规劝道："万法不离自性。把心量打开，外在事业是心性的展示。你存什么念头，决定你事业的成败。"

因此说，追求事业的成功，就该先检视一下自己的内心，是不是真正做到了自他两利，还是为了一己之私欲而做出伤害他人、违背社会准则的事情来。打开自己的心，多想善事，多做善事，你自然就会遇到善人，和你一起成事。若是心中所想所念全是坑蒙拐骗之类的事情，那你在做事业时又怎么会一帆风顺呢？即便是心存善念的人，在做事业的过程中都会遇到很多想不到的困难和挫折，更何况那些心存歹意的人呢？

因此大安法师也经常说："要把握好这一念心！" 在这一念心中，即决定你以后的人生道路。存善念的人，即使在前进的道路上遇到挫折，受尽艰辛，也总会有看到彩虹，获得成就的时候；而存歹意的人呢，即便此刻你是风光无限，看似步入了成功的殿堂，可终有一日，心存歹意的人也会因为种下的恶因而自受恶果。可是，要把握好这一念心，并不是一件容易的事情。现代社会中的各种诱惑实在太多了，如何才能把握好自己的心念呢？大安法师普劝众生，可以在平时多念诵弥陀名号，一来可以清净自心，二来可以启迪智慧，又能培植善念，还能克制自己过多的欲望，真可谓是一举多得。

关于如何对治淫心、克制自己过分的欲望呢？大安法师提出一个妙法，

即是至诚恳切持念“南无阿弥陀佛”的名号，“须知，名号内具足的十二光如来中，清净光正是对治我等众生淫欲心。当吾人染污心起时，执持名号，即是转燥热为清凉。”以念佛法门来对治贪欲淫欲，是很见成效的，而且还有助于培植自己的善心、无私心和清净心。大安法师把净土宗的念佛修行法门称之为“快餐式”的修行法门，“净土念佛法门的理念与修持方式，最契现代社会之时机。现代人生活节奏快，竞争性强，无暇有专门的时间用来修持佛法，念佛法门的修持对这类人最为契机。如果没有太多的时间，每天只行十念法即可，而这所花费的时间，也就是喝杯咖啡的时间，并不会占用大家的工作和生活。”大安法师的这种方便教法可以说是十分适合繁忙又压力颇大的现代人。大家不需要抽出专门的时间去修行，只需在工作之余以清净心念诵持弥陀名号即可。

念佛的方式多种多样，灵活自如，在办公室工间休息时可以持佛名号，在家中休息时一样也可以，就连出外散步时都可以边走边念佛。念佛法门占用的时间少，但却能对治很多心理问题，安抚人们烦躁焦灼的心灵。因此，大安法师格外留意于用各种善巧手段来引导大众持念弥陀名号，以期能促使人们对自己的心灵进行更深层次的体认。

初学者如何下手修学才能获得真实利益？大安法师认为有坚定的信愿才是最基本、最主要的。要知道，人人本具阿弥陀佛德性，在此深信切愿的基础上再修持念佛法门则今生就可有所成就。正所谓“声声佛号，契入弥陀愿海；步步经行，趋近极乐故乡”。

有些人向大安法师请教，说自己越是拼命学佛，拼命念佛名号，就越是脾气大，心里越是烦躁不安。大安法师慈悲地开示道：“大家在学佛念佛之前，心态一定要调整好，心平气和、绵绵密密。你为什么要拼命念佛呢？跟谁拼命呢？这个拼命念佛的心是一个燥妄的心，燥妄的心就把你燥妄的烦恼习气给调动起来了。”大安法师还指出，这种拼命念佛的心态，其实是一种急于求成的心，在学佛的道路上切不可存有这样急于求成的功利心，否则不论念佛多少声，对于解脱生死都没有丝毫助益。

大安法师的弘法利手段突出了生本土化、现代化的特色，用网络手段弘扬

佛法，传播真善知识，将佛门智慧之光洒遍人间，将爱与慈悲的种子撒播到世间的各个角落。

推荐阅读：

惟贤法师：《佛教道德的普遍意义》

一诚法师：《漫谈佛教的发展与学佛修行》

传印长老：《慧思大师文集·序》

明海法师：《培养自信心的方法》《什么是富贵》《修行是独行道，没有人能代替》《大日如来灌顶经》

后记

心中怀着忐忑与不安，在键盘上敲打着，希望这后记中寥寥数语能略表一下自己此时的心情。可是，此时的自己，心中却空空的，似乎是合了法融禅师那“无物宛然”的人生境界。

可是，心中真的是无牵无挂了吗？我自认为没有。至少在写这本书时，我的心里并不平静。每一次阅读这些高僧的生平故事和他们的代表著作，都会越来越觉得他们高过常人之处便在于敢于舍弃，敢于追求，敢于放下，敢于牺牲自己，敢于成就别人——而这些，都不是普通人能做得来的。

其实，不论是古代，还是近现代的佛教界前辈，他们也是普通人，只是他们的思想境界更高尚，他们的人生追求更坚定，所以便注定地，他们留在历史上的形象，也更光耀万丈。

我接触佛教文化和佛教哲学的时间并不长，从读研究生开始到现在，仅仅四年而已，但是在这短短的几年时间中，却让我更加亲近佛教这一传自古印度、在现代生活中依然起着举足轻重作用的古老文明智慧。我想，如若能长久地沐浴在这种智慧之中，我的身心一定会永远充满安适与喜悦。所以，我更希望身边的每一个朋友也能沉浸于这种喜悦之中，在清净、圆满、喜悦、宁静的心态中创造出更加幸福美好的生活。

带着这样的想法，我开始写《高僧说什么》，带着这样的想法，我开始了与各位先贤的对话。爱拖沓的我，终于在新年伊始完成了这部书稿。伸一个懒腰，对自己说：可以开始下面的工作了……

深夜，星光点点，似是远方友人的惦念。没错，正是在亲人、朋友以及恩师的支持下，这部书稿才得以顺利完成，比如我的恩师索南才让先生，挚友张若蓉女士，以及苏州的一位居士朋友，还有初景波师兄，谢谢大家的鼓励，还有，我的家人在生活上所给予我的无微不至的照料。谢谢你们！感恩你们！

愿大家常随清净，恒住法喜！

马超

2013年3月于唐山